TATIANA MOURA

# *Novíssimas Guerras*

*Espaços, Identidades e Espirais da Violência Armada*

# NOVÍSSIMAS GUERRAS
ESPAÇOS, IDENTIDADES E ESPIRAIS DA VIOLÊNCIA ARMADA

AUTORA
TATIANA MOURA

REVISOR
VICTOR FERREIRA

EDITOR
EDIÇÕES ALMEDINA. SA
Av. Fernão Magalhães, nº 584, 5º Andar
3000-174 Coimbra
Tel.: 239 851 904
Fax: 239 851 901
www.almedina.net
editora@almedina.net

PRÉ-IMPRESSÃO | IMPRESSÃO | ACABAMENTO
G.C. GRÁFICA DE COIMBRA, LDA.
Palheira – Assafarge
3001-453 Coimbra
producao@graficadecoimbra.pt

Abril, 2010

DEPÓSITO LEGAL
309676/10

Os dados e as opiniões inseridos na presente publicação
são da exclusiva responsabilidade do(s) seu(s) autor(es).

Toda a reprodução desta obra, por fotocópia ou outro qualquer
processo, sem prévia autorização escrita do Editor, é ilícita
e passível de procedimento judicial contra o infractor.

---

***Biblioteca Nacional de Portugal – Catalogação na Publicação***

MOURA, Tatiana

Novíssimas guerras: espaços, identidades e
espirais da violência armada. – (CES. Cosmo-
polis)
ISBN 978-972-40-3934-3

CDU   316
      327
      355

*Para a Gabriela*

# ÍNDICE

| | |
|---|---|
| 1. Introdução | 9 |
|   1.1. A nova geografia das guerras: velhas, novas e novíssimas guerras | 9 |
|   1.2. Masculinidades e feminilidades: entre novíssimas guerras | |
|      e novíssimas pazes | 11 |
| | |
| PARTE I – A NOVA GEOGRAFIA DAS GUERRAS | 17 |
| | |
| CAPÍTULO I – Das velhas às novas guerras | 19 |
| 1. Conflito, violência e guerra: distinções conceptuais | 19 |
| 2. Das velhas guerras (modernas)... | 24 |
| 3. ...Às novas guerras | 30 |
| 4. Conclusão: novidade ou continuidade? | 37 |
| | |
| CAPÍTULO II – Novíssimas guerras à margem das novas guerras? | 41 |
| 1. Das novas às novíssimas guerras | 41 |
|   1.1. Violências em cascata: causas subjacentes às novíssimas guerras | 46 |
| 2. Paisagens urbanas das armas de fogo: disseminação territorial das violências | 53 |
| 3. O sexo das violências: *continuuns*, espirais e identidades | 63 |
| | |
| PARTE II – MASCULINIDADES E FEMINILIDADES, ENTRE NOVÍSSIMAS GUERRAS | |
| E NOVÍSSIMAS PAZES | 67 |
| | |
| Introdução | 69 |
| | |
| CAPÍTULO III – As denúncias feministas dos silêncios das Relações Internacionais | 71 |
| 1. O carácter sexuado da agenda da disciplina | 71 |
| 2. Da segurança nacional às (in)seguranças individuais | 79 |
| 3. A construção social do sistema de guerra | 83 |
|   3.1. Estereótipos e construções | 85 |
|   3.2. Os "nós" e as "outras" do sistema de guerra | 87 |
| | |
| CAPÍTULO IV – A re(des)masculinização da guerra | 93 |
| 1. Da desmasculinização da guerra... | 93 |
| 2. ...À remasculinização das guerras | 103 |
| | |
| CAPÍTULO V – Velhíssimas guerras sexuadas, novíssimas guerras armadas: | |
| o caso do Rio de Janeiro | 109 |
| Introdução | 109 |
| 1. Rio de Janeiro: um exemplo de novíssimas guerra | 109 |
|   1.2. As cidades na cidade | 111 |
|   1.3. Da paz à guerra? | 112 |

8 NOVÍSSIMAS GUERRAS

1.4. Masculinidades (in)visibilizadas 116
2. O feminismo, na confluência de novíssimas guerras e novíssimas pazes 119
   2.1. Feminilidades des-padronizadas da violência armada: as outras faces 119
      2.1.1. O *glamour* da violência armada 125
      2.1.2. Feminilidades estrategicamente marginais: "As mulheres passam por cargueiras" 127
      2.1.3. "Estranhas" feminilidades: a participação directa 129
   2.2. Vítimas da invisibilidade: impactos diferenciados das armas de fogo na vida de mulheres e jovens do sexo feminino 132
      2.2.1. Impactos directos: a destruição dos corpos 133
      2.2.2. Para além dos corpos, a destruição das vidas 140
   2.3. Feminilidades colectivas e partilhadas: sobreviventes da violência armada 142
      2.3.1. É uma dor muito doída... 145
      2.3.2. Quando o luto se transforma em luta... 149

CONCLUSÃO 153

Pontos de partida 155

HISTÓRIAS DE SOBREVIVÊNCIA 159

ANEXO A 177

BIBLIOGRAFIA 181

# 1. Introdução

## 1.1. *A nova geografia das guerras: velhas, novas e novíssimas guerras*

As décadas de 1980 e 1990 ficaram marcadas por profundas alterações nas referências de análise da conflitualidade internacional. As chamadas "novas guerras" (Kaldor, 2001) disseminam-se e parecem contrastar com um tipo de conflitualidade de matriz vestefaliana. Nestas novas guerras, também apelidadas de conflitos de baixa intensidade, guerras privatizadas ou guerras informais, não é fácil de estabelecer, na prática, a distinção entre o público e o privado, o estatal e o não estatal, o formal e o informal, o que se faz por motivos económicos ou políticos. Trata-se de guerras que atenuam as distinções entre pessoas, exércitos e governos (Duffield, 2001), que resultam – e ao mesmo tempo originam – um esbatimento das fronteiras que anteriormente se consideravam rígidas e bem definidas.

No entanto, estes espaços ou zonas de indefinição não são recentes. Ao longo do século XX (em particular na segunda metade do século) as baixas de "guerra" não ocorreram apenas durante conflitos armados tidos como tradicionais, em guerras com fronteiras perfeitamente nítidas. E essas formas de violência que *não se ajustavam a uma determinada concepção de guerra*, com actores, técnicas e estratégias "atípicos", vieram a ser, já nos nossos dias, académica e politicamente aceites como "guerras a sério", reconhecidas pela comunidade internacional enquanto tal. Temos vindo a assistir, portanto, a uma tendência para a materialização de uma nova geografia da violência organizada, a uma escala cada vez mais micro, com guerras locais que têm impacto à escala global.

Esta dinâmica de disseminação física da violência armada, a uma escala cada vez mais micro, está bem patente sobretudo nas zonas de indefinição, onde a guerra se confunde com a paz. Em sociedades que vivem processos de reconstrução pós-conflito dominados por preocupações de curto prazo e por um quadro de referências políticas, económicas e sociais de recorte neoliberal, facilmente se opera uma transferência da violência militar anterior para uma violência social disseminada.

Por outro lado, e mesmo fora de contextos identificados de reconstrução pós-bélica, registam-se situações de hiperconcentração territorial de violência armada em contextos mais vastos de paz institucionalizada e formal. Neste sentido, defendo que estão a emergir *novíssimas guerras* nas entrelinhas, nas brechas das novas guerras. Da mesma forma que as *guerras irregulares e informais* da segunda metade do século XX foram o prelúdio das novas guerras, estamos, actualmente, perante um novo tipo de manifestação da violência que, por não corresponder ainda a nenhuma concepção de guerra, é marginalizado e não é tido como relevante.

Não se trata de conflitos territoriais ou por recursos que opõem grupos beligerantes que disputam ao Estado o monopólio do uso da força mas, sim, de concentrações de grande intensidade de violência armada em territórios ou micro territórios, que geram espirais de insegurança dentro de um contexto nacional de paz aparente, institucionalizada e formal.

Este tipo de conflitualidade distingue-se da simples criminalidade interna de larga escala. A fronteira cada vez menos nítida entre a esfera interna e internacional em cenários de novíssimas guerras faz com que a sua definição ou caracterização dependa das lentes ou dos filtros com que analisamos estes contextos. Se nos centrarmos única e exclusivamente na dimensão interna, pouco mais veremos do que um cenário de criminalidade hiperconcentrada, sem objectivos políticos. Mas se compreendermos os impactos destes fenómenos locais no contexto internacional, veremos que estamos perante a emergência de conflitos de tipo novo, disseminados à escala global. Ao chamar *novíssimas guerras* a este tipo de conflito violento, pretendo realçar esta diferença importante.

O Brasil é um exemplo claro de um país que vive este novíssimo tipo de conflitualidade. Trata-se de um país que não está envolvido em nenhuma guerra oficial mas que apresenta, não obstante (em determinadas regiões), algumas das taxas mais elevadas do mundo de homicídio provocado por armas de fogo. A combinação de factores como o rápido crescimento urbano e a falta de infra-estruturas de habitação (que conduziram ao aumento de bairros ou comunidades pobres nas periferias das grandes cidades a partir de finais da década de 1960); a elevada desigualdade na distribuição de riqueza; o crescimento económico lento; a dependência de empréstimos internacionais; os baixos níveis de vida da população; a disponibilidade crescente de armas de fogo; a emergência do tráfico de drogas e de grupos armados organizados (em particular no Rio de Janeiro); a incapacidade ou ausência de resposta por parte do Estado; a memória, a cultura e a prática da violência mantida e perpetuada pela polícia e por grupos de segurança privada são factores que estão na raiz da explosão da violência directa urbana que teve início em finais da década de 1980 e que se mantém até hoje, em particular na cidade do Rio de Janeiro. Tal como em sociedades que vivem um processo de reconstrução pós-bélica, as memórias da violência e a debilidade estatal contribuem para a emergência de um novo tipo de conflitualidade.

### 1.2. *Masculinidades e feminilidades: entre novíssimas guerras e novíssimas pazes*

Um dos contributos principais da crítica feminista das Relações Internacionais foi mostrar como a guerra (a sua conceptualização e práticas) corresponde a uma construção social produzida por um sistema de dominação que mantém, perpetua e é legitimado por relações de poder hierárquicas ou desiguais, e que se manifesta em todas as esferas das nossas vidas.

No entanto, este não é o entendimento de quem produz as teorias, os discursos e as práticas dominantes, e por isso mesmo as interpretações dos conflitos centram-se, em particular, no contexto macro-social. Contrariando esta tendência pretendo, neste livro, analisar criticamente as actuais (e redutoras) conceptualizações de guerra e de paz, desconstruí-las e reconstruí-las, com o objectivo de tornar visível o que dizemos sobre elas e quem é excluído dos discursos e análises dominantes sobre o tema.

A finalidade desta desconstrução e reconstrução é tripla. Em primeiro lugar, pretende tornar visíveis contextos que têm sido considerados marginais mas que, não obstante, podem constituir o prelúdio de uma conflitualidade ainda mais disseminada no futuro. Em segundo lugar, e perante a constatação da existência destes contextos e da sua análise, pretende revelar o quão redutoras e excludentes são as actuais categorizações ou definições de guerra e de paz, analisando, para tal, a transversalidade da existência e disseminação de armas de fogo e violência armada em vários contextos (de guerra e de paz formal) e da construção de identidades – masculinidades e feminilidades – essenciais à perpetuação de um sistema de guerra, que depende da exclusão e marginalização das mulheres e de alguns homens e que as perpetua. Em terceiro lugar, lançar o desafio de pensar e encontrar novos mecanismos que respondam às inseguranças provocadas por estas novíssimas guerras, analisando formas alternativas e não violentas de prevenção e de transformação destes conflitos – *novíssimas pazes*.

Ao analisar os rostos da nova conflitualidade violenta e armada que se manifesta com particular incidência na cidade do Rio de Janeiro, reparamos que os homens são, desde logo, as principais vítimas directas da violência armada. Sendo masculino, o rosto desta violência é também predominantemente jovem. Por outro lado, são também jovens e homens os principais agentes desta violência. Para isso concorre, a título principal, a mística da masculinidade (Fisas, 1998) e toda a simbologia das armas de fogo a ela associada e enraizada na cultura de violência que predomina na América Latina. O monopólio masculino do uso e posse de armas de fogo é, na realidade, uma expressão da socialização em construções de um tipo de masculinidade, violenta e militarizada, de culturas locais e nacionais em que a utilização masculina de armas de fogo é a norma. Em tempos de guerra e em países "pacíficos", as armas fazem muitas vezes parte de um ritual de passagem da infância para a idade adulta dos rapazes, que são frequentemente socializados de forma a sentirem familiaridade e fascínio com e por armas (Connell, 1995). Estes elementos simbólicos vêm associar-se aos demais factores já referidos para caracterizar a singularidade destas novíssimas guerras.

Os rostos femininos da violência armada são ainda pouco conhecidos. Na realidade, a inexistência de estudos e análises que incluam as mulheres ou que optem pela desagregação de dados por sexo *é em si uma opção política* de silenciamento e marginalização de determinados grupos. No entanto, a violência armada (a posse e utilização de armas de fogo em geral) é uma construção sexuada. Depende de construções hegemónicas e violentas de masculinidade que se opõem a noções pacíficas e passivas de feminilidade e constitui uma forma e um instrumento de exercício de poder masculino sobre colectivos marginalizados, em especial as mulheres.

Mas, ao olharmos para o que tem sido silenciado, deparamo-nos com realidades que desafiam mitos e estereótipos: apesar de as principais vítimas e agentes da violência armada serem homens, há uma tendência de crescimento de mortes de mulheres provocadas por armas de fogo (contrariando o argumento que justifica a posse de armas com a necessidade de protecção e segurança); e constatamos que, afinal, a feminilidade que serve de justificação e antítese à masculinidade hegemónica violenta não é, de forma alguma, uma feminilidade passiva.

O livro divide-se em duas partes. Na Parte I, *A Nova Geografia das Guerras*, no Capítulo I, intitulado «Das Velhas às Novas Guerras», pretendo analisar as diferenças conceptuais entre conflito, violência e guerra, com o objectivo de sublinhar a necessidade de adaptação dessas categorias à realidade, e defender que toda a conceptualização terá que ser necessariamente dinâmica. Seguidamente, para explorar a evolução da conflitualidade internacional (e da sua conceptualização), centrar-me-ei nas características das chamadas velhas guerras, clausewitzianas, e das novas guerras, comparando os seus actores, objectivos e condutas. O principal objectivo deste primeiro capítulo é analisar a tendência de aproximação entre as chamadas zonas de guerra e zonas de paz.

Estes espaços de indefinição, a que chamo *novíssimas guerras*, serão objecto de análise no Capítulo II, intitulado «Novíssimas Guerras à Margem das Novas Guerras?». Neste capítulo, analiso a emergência de novíssimas guerras, centrando-me, uma vez mais, nos seus actores e objectivos e nas estratégias utilizadas nestes cenários, onde a guerra se confunde com a paz, e nas suas especificidades. O objectivo é identificar *continuuns* e espirais de violência(s), da escala global à local, e *continuuns* temporais, questionando as categorias ou distinções entre guerra, pós-guerra e paz.

Na segunda parte do livro – *Masculinidades e Feminilidades, entre Novíssimas Guerras e Novíssimas Pazes* – pretendo analisar a guerra (os seus conceitos e práticas) e as Relações Internacionais à luz das críticas feministas. No terceiro capítulo, intitulado «As denúncias feministas dos silêncios das Relações Internacionais», analiso as práticas e conceitos sexuados da disciplina, que valoriza determinados comportamentos em detrimento de outros, algumas subjectividades em detrimento de outras, contribuindo para o aumento da insegurança a uma escala micro e individual. Centrar-me-ei, em particular, na construção social de um sistema a que algumas autoras chamam sistema de guerra, que se baseia em estereótipos, e que promove construções dicotómicas ou binómios que geram desigualdades e exclusão. Através desta abordagem, que privilegia a análise dos *continuuns* de violência(s) para além de cenários considerados como guerra oficial, pretendo demonstrar a proximidade entre zonas de guerra e zonas de paz, em particular através da análise da marginalização das mulheres, fenómeno que considero transversal.

No capítulo IV – «A Re(des)masculinização da Guerra» –, pretendo questionar as propostas sobre a desmasculinização ou feminização da guerra (ou a perda de sentido político das mesmas). Para tal, analiso a chamada crise da hegemonia da masculinidade, perante a transformação dos cenários de conflitualidade violenta. O meu objectivo é demonstrar que estamos perante uma (re)negociação de identidades, neste caso, das (novíssimas) condições da hegemonia.

No capítulo V – «Velhíssimas guerras sexuadas, novíssimas guerras armadas: o caso do Rio de Janeiro» – apresento o caso do Rio de Janeiro como cenário de novíssima guerra. Para tal, analiso as especificidades destas guerras (urbanas, armadas e com actores específicos), as hipervisibilizações e silêncios da violência armada e as suas consequências. Em concreto, analiso masculinidades dominantes e hegemónicas da violência armada, no Rio de Janeiro, mas, acima de tudo, as feminilidades, subalternas e hegemónicas, que se constroem nestes contextos.

O processo de investigação de que resulta este livro não foi um caminho fácil: pela proposta teórica, pelo acesso ao universo a ser estudado e, acima de tudo, pela decisão consciente de levar a cabo um estudo participativo, comprometido com a mudança e com as(os) participantes do projecto e da investigação.[1]

Em termos metodológicos, a preocupação central foi a de desafiar categorias preconcebidas e colocar questões que normalmente não são colocadas. Deste modo, e adoptando uma abordagem feminista, a questão do método a ser usado tornou-se uma questão sobre a forma como esse método podia contribuir, após a investigação, para a mudança.

As teorias feministas desafiam fronteiras disciplinares tradicionais e permitem revelar práticas, estruturas e aspectos culturais que se articulam (e se manifestam) em espiral, contribuindo para a legitimação e perpetuação da marginalização e silenciamento de experiências de vários sectores da sociedade, em particular das mulheres. A visibilização dessas espirais ou *continuuns* exige, no entanto, que se combinem várias metodologias.[2]

Com base nos materiais teóricos e empíricos, foram definidas três categorias gerais a serem analisadas: 1) envolvimentos ou participação de jovens do sexo feminino e mulheres na(s) violência(s) armada(s); 2) os impactos destas violências nas suas vidas; e 3) as estratégias, formais e informais, que empregam, nestes contextos, para fazer frente a estas violências.

Esta tarefa de categorização ou de conceptualização de vivências e experiências invisíveis não foi simples. Em primeiro lugar, porque os *continuuns*

---

[1] Em Fevereiro de 2005, teve início o projecto "Mulheres e meninas em contextos de violência armada: Um estudo de caso sobre o Rio de Janeiro", uma parceria de investigação-acção entre a organização não governamental brasileira Viva Rio e o Núcleo de Estudos para a Paz do Centro de Estudos Sociais/Universidade de Coimbra (Portugal), financiado pela Fundação Ford.

[2] Metodologicamente; procedeu-se ao levantamento e análise de literatura sobre: a) abordagens feministas das Relações Internacionais; b) experiências de mulheres e meninas em contextos de conflitos armados e respostas levadas a cabo nestes contextos; c) tipologias de conflitos violentos e em particular de violência urbana; d) processos de desarmamento e políticas de resposta e prevenção da violência armada.

Posteriormente, teve lugar o levantamento e análise de estatísticas e pesquisas sobre o caso do Brasil, e em especial do Rio de Janeiro – sobre violência contra mulheres, papéis de mulheres na polícia e experiências de vida como prisioneiras, sobre a situação de jovens e adolescentes, sobre armas de fogo no Brasil –, e recolha de dados do Ministério da Saúde sobre impactos da violência armada e estatísticas criminais da Polícia.

de violências armadas, que se manifestam em espiral, vividos (e por vezes também levados a cabo) pelo sexo feminino, tornam difícil a própria tarefa de categorizar e definir grupos e temas (microexperiências, microcontextos) da pesquisa. No entanto, esta tarefa tornou-se necessária para sistematizar e analisar todos os dados (quantitativos e qualitativos) recolhidos ao longo do estudo.

Depois porque, para compreendermos *onde estão* as jovens e as mulheres em cenários complexos de violência armada, foi necessário ampliar o olhar, de modo a incluir formas de participação que vão além das normalmente protagonizadas por homens e jovens do sexo masculino (consideradas mais directas, activas e, logo, mais visíveis). O mesmo se aplicou à análise dos *impactos diferenciados* da violência armada, incluindo, para além de mortes e ferimentos por armas de fogo, outras consequências negativas da presença e utilização destas armas (em concreto, o seu papel como instrumento de ameaça e intimidação em microcontextos de violência, e as experiências de sobreviventes da violência armada, ou seja, de familiares de vítimas mortais das armas de fogo); finalmente, foram identificadas e analisadas algumas *respostas* que têm emergido neste contexto específico de violência armada, formais e informais.[3]

---

[3] Os dados estatísticos existentes no Brasil, especialmente os dados produzidos pelo DATASUS/Ministério da Saúde, encontram-se disponíveis, estão desagregados por sexo, têm abrangência nacional e as informações são detalhadas a nível estadual e municipal. Estes dados são amplamente utilizados em pesquisas, actualmente, para medir os impactos da violência armada urbana no Brasil.

No entanto, os dados criminais disponíveis são menos transparentes, difíceis de aceder e nem sempre desagregados por sexo. Mas quer uns, quer os outros têm sido utilizados para mostrar que a violência armada pouco afecta o sexo feminino, no Brasil: ou seja, mostram apenas um lado da realidade, revelando que os homens representam 91% das mortes por armas de fogo e 90% das hospitalizações resultantes de ferimentos com estas mesmas armas.

Por medirem os impactos directos e visíveis da violência armada, estes dados ofuscam outros impactos que afectam de forma específica o sexo feminino. Para identificar alguns deles, foram desenvolvidas outras formas de obter informação, especialmente informação qualitativa, que permitiram constatar muito do que falta e/ou tem sido excluído das fontes oficiais.

Acima de tudo esta dimensão de análise qualitativa passou por ouvir e conhecer as histórias de violências armadas e as respostas a estas violências protagonizadas pelo sexo feminino. Foram desenvolvidos guiões de entrevistas semiestruturadas e aplicados em entrevistas individuais e colectivas, ao longo dos dezoito meses de trabalho de campo, aos seguintes grupos:

Na opinião de Maria Mies (1983), a validade de uma teoria ou investigação não depende da aplicação de determinadas metodologias ou regras, mas, sim, do seu potencial em criar e/ou orientar práticas que conduzam a uma maior consciência crítica. Se assim for, a validade destas opções metodológicas será algo que só poderemos confirmar no futuro.

---

- Mulheres reclusas e funcionários/as da Penitenciária Talavera Bruce (Rio de Janeiro);
- Jovens do sexo feminino a cumprir medida socioeducativa de internamento e de semiliberdade no Educandário Santos Dumont e no Centro de Recursos Integrados de Atendimento ao Menor (CRIAM) Ricardo de Albuquerque, respectivamente, e funcionárias de ambas as instituições;
- Líderes comunitárias de Cantagalo, Jardim Batan (Realengo), Rocinha e Nova Holanda (Complexo da Maré);
- Participantes e representantes de grupos da sociedade civil (ONG) e centros de investigação: Advocaci, Cemina, Cepia, Centro de Estudos de Segurança e Cidadania (CESeC, Universidade Cândido Mendes), Central Única das Favelas (CUFA), Escola de Educação Audiovisual Cinema Nosso, Instituto Promundo, Programa Social Crescer e Viver e Viva Rio (equipa do Programa de Acções em Segurança Pública – PROASP e Projecto Luta pela Paz);
- Mulheres do movimento *hip hop* do Rio de Janeiro;
- Especialistas do sector de segurança pública: juízes, polícias civis (delegadas), polícias militares (oficiais), investigadoras;
- Familiares de vítimas da violência armada.

Para além das entrevistas, foram realizados *focus groups* com reclusas em Talavera Bruce e grupos mistos de jovens moradores de favelas, com o objectivo de, através dessa interacção colectiva e do debate gerado entre os/as participantes, obter informações complementares às entrevistas individuais.

No total, foram entrevistadas 223 pessoas. Após a transcrição das entrevistas e da sua leitura, a informação foi sistematizada, identificando padrões nas respostas, e criando subcategorias para cada um dos grandes temas definidos *a priori*.

Para além deste tipo de recolha de informação, foram desenvolvidos e aplicados questionários a mulheres denunciantes de violência doméstica que se dirigiram ao balcão de atendimento de oito das nove Delegacias Especiais de Atendimento à Mulher do Município do Rio de Janeiro, entre Setembro e Outubro de 2005 (questionário desenvolvido em conjunto com o CESeC, preenchido anónima e voluntariamente).

PARTE I

# A NOVA GEOGRAFIA DAS GUERRAS

# CAPÍTULO I

# DAS VELHAS ÀS NOVAS GUERRAS

## 1. Conflito, violência e guerra: distinções conceptuais

Os termos conflito, violência e guerra são por vezes utilizados como sinónimos, contribuindo para que a análise e as respostas políticas partam de pressupostos errados em diferentes contextos e que tenham, por isso, resultados contraproducentes (Romeva, 2003: 29).

Existe, actualmente, um relativo grau de consenso sobre o que *é* e o que *não é* um conflito. No entanto, este consenso relativo é recente e o entendimento sobre o seu significado é ainda pautado, em muitas definições e análises, por uma conotação negativa, que o faz equivaler a violência (Romeva, 2003). De facto, etimologicamente, e segundo a Enciclopédia da Paz e dos Conflitos (2004), trata-se de uma conjugação entre o sufixo *–flito*, que procede de *flígere*, e que significa chocar, e o prefixo *co-*, que diz respeito a interacção. Desta forma, conflito traduzir-se-ia por *chocar uns com os outros* (Ruíz Jiménez, 2004: 149).

Não obstante, este choque não é necessariamente violento. A emergência da investigação para a paz foi crucial para este entendimento, interpretando o conflito como algo intrínseco às relações humanas, mas que nem por isso é necessariamente negativo. O seu carácter negativo ou positivo depende da forma de gestão ou de transformação por parte dos actores envolvidos. Neste sentido, quando se afirma que existe um relativo consenso sobre o que *não é* um conflito, está subentendido que o conflito deixou de ser, paulatinamente, entendido como sinónimo de formas violentas de conduta. Na mesma linha, vários autores defendem a necessidade de abandonar a interpretação do conflito como algo negativo e adoptar uma visão ou abordagem positiva na conceptualização e análise do conflito. Vicenç Fisas define conflito como

> Processo interactivo que se dá num determinado contexto. É uma criação humana diferente da violência (pode haver conflitos sem violência, mas não violência sem conflito), que pode ser positivo ou negativo segundo o modo como seja abordado e termine, com possibilidades de ser conduzido, transformado e superado [...] pelas mesmas partes, com ou sem ajuda de terceiros (Fisas, 1998: 229).

Ou seja, as situações conflituosas são também depositárias de oportunidades positivas.

Raül Romeva defende que

> O conflito corresponde a um processo dinâmico através do qual diferentes actores perseguem objectivos que consideram ser incompatíveis, por representarem interesses opostos (2003: 30).

No mesmo sentido, a definição avançada por José María Tortosa considera que o conflito é

> Uma relação entre actores ou partes (indivíduos, grupos, instituições, Estados) que têm objectivos incompatíveis, que se excluem, sobre temas ou fins (2003: 55).

A interpretação do conflito como algo potencialmente positivo foi suplantando a abordagem negativa ao conflito e foi sendo adoptada como paradigma dominante entre a comunidade académica. Ou seja, começou a haver um relativo consenso sobre o *que é* o conflito. Neste sentido, a melhor forma de gerir o conflito não passa portanto por eliminá-lo, mas por tornar altamente improvável que se manifeste sob a forma de conduta violenta. Ou seja, o verdadeiro desafio consiste em estudar, compreender e intervir no conflito com a finalidade de o transformar numa oportunidade positiva.

Para tal, é de enorme utilidade traçar um mapa do conflito e da sua formação, onde se descrevam os actores ou partes implicadas, as condutas desses actores – que determinam o processo – e, finalmente, as incompatibilidades ou contradições, ou as causas que dão origem à disputa. A partir desta abordagem surge a distinção essencial entre conflito e *violência*. A violência pode ser uma das condutas dos actores envolvidos no conflito, pode ser um resultado do conflito. Ou seja, a violência corresponde a uma manifestação de que a transformação de conflitos em oportunidades de construção positiva fracassou. A violência directa é a expressão de um determinado tipo de conduta, mas não podemos esquecer, contudo, que é resultado de outras formas de violência, menos visíveis (Romeva, 2003).

Para definir violência, Galtung (1969) faz uma distinção usando as dicotomias pessoal-estrutural e directa-indirecta. A violência em que existe uma clara relação entre o sujeito e o objecto é manifesta, ou seja, é visível e directa enquanto acção, podendo ser verbal ou física. Quando não existe este tipo de relação, a violência é estrutural, indirecta, resultante da desigual distribuição do poder e tem na repressão e na exploração, ou injustiça social, as suas expressões concretas.

Galtung (1969) começou por se limitar a distinguir entre violência pessoal ou directa e violência estrutural ou indirecta. A primeira é mais visível, a segunda é silenciosa. A violência directa atinge directamente os seres humanos, em resultado da acção de outros. A violência estrutural atinge indirectamente os seres humanos, resulta de estruturas repressivas. Na tentativa de identificar relações causais entre os dois tipos de violência, Galtung defende que a violência estrutural foi, nos seus primórdios, violência pessoal. E quando a estrutura é ameaçada, aqueles que beneficiam da violência estrutural tenderão a preservar o *status quo* de modo a proteger os seus interesses. Nesta tentativa de defesa de interesses podem recorrer à violência pessoal.

Mais tarde, Galtung (1990) introduz um novo conceito de violência: a violência cultural. Define-a como qualquer aspecto ou elemento de uma cultura, da esfera simbólica da nossa existência, que pode ser usado para legitimar socialmente a violência na sua forma directa ou estrutural. A violência cultural faz com que a violência directa e a estrutural pareçam correctas, ou que pelo menos não pareçam erradas.

Galtung relaciona os três tipos de violência (directa, estrutural e cultural) naquilo a que chama o triângulo da violência (1990). Considera a violência directa um acto, a violência estrutural um processo e a violência cultural uma invariante, que permanece inalterável por períodos longos (Galtung, 1996). Identifica um fluxo causal, partindo da violência cultural, passando pela estrutural e materializando-se na directa. Isto é, a cultura faz com que vejamos a exploração e/ou a repressão como normais ou naturais, ou que simplesmente não as vejamos. Para tentar manter ou sair dessa violência estrutural recorre-se à violência directa. Existem, no entanto, fluxos causais em todas as direcções: a violência pode começar em qualquer um dos vértices do triângulo da violência directa-estrutural-cultural e ser facilmente transmitida aos outros vértices. A "síndroma triangular" passa pela institucionalização de estruturas violentas, internalização de uma cultura violenta e consequente institucionalização e repetição da violência directa (Galtung, 1996).

Segundo Tortosa (2003), e na mesma linha de análise de Galtung, estamos perante três fenómenos diferentes mas que estão interrelacionados: por um lado, o comportamento violento; por outro, os conflitos e contradições dos quais resulta esse comportamento; e, por último, o conjunto de racionalizações, legitimações e mesmo incitamentos tanto ao comportamento violento como ao conflito ou à injustiça. A proposta de Tortosa, que defende a importância de não ficarmos presos ao "fascínio pela violência" directa e nos perguntarmos pelos restantes vértices do triângulo da(s) violência(s) mais invisíveis – como se sintetiza na Figura 1 –, não é distinta da proposta de análise do desenho do mapa dos conflitos e da sua formação, avançada por Romeva (actores/condutas/incompatibilidades). Os actores que exercem condutas violentas (violência directa, visível) justificam a sua acção baseando-se na percepção de incompatibilidades e injustiças de ordem estrutural (violência estrutural, visível ou pouco visível), que por sua vez serve para legitimar essa forma de actuar como a única possível (violência cultural, menos visível ou invisível). A violência directa reforça assim a violência cultural e estrutural (e frequentemente o domínio de quem exerce estas últimas) e pode resultar numa guerra (Romeva, 2003).

Figura 1: triângulo da(s) violência(s)

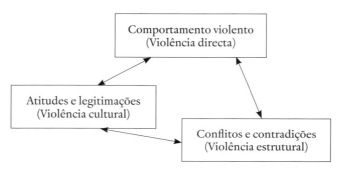

*Fonte*: Tortosa, 2003: 66

Até aqui pudemos constatar que nem todos os conflitos são negativos ou resultam em violência, sendo esta última uma das formas de conduta de actores envolvidos num determinado conflito. Para além disso, segundo Johan Galtung, não é particularmente importante compreender a definição ou a tipologia da violência, mas, sim, nas suas palavras,

> Indicar as dimensões teóricas significativas da violência que possam orientar o pensamento, a investigação e, potencialmente, a acção para os problemas mais importantes (...). [O] conceito de violência deve ser suficientemente amplo para incluir as variantes mais destacadas, e suficientemente específico para servir de suporte à acção concreta (Galtung, 1969: 168).

A violência e a guerra têm em comum, contudo, o facto de serem construções sociais e não determinismos biológicos. Ou seja, a guerra e qualquer forma de violência organizada são fenómenos culturais, que se aprendem e desaprendem. Como refere Jan Jindy Pettman,

> A guerra corresponde a um conjunto de práticas sociais, é uma forma de política que pressupõe a capacidade organizada de utilização da violência de ampla escala e a predisposição para recorrer à violência para resolver conflitos (1996: 88).

No entanto, esta construção social foi feita com base em critérios que moldam os entendimentos e tentativas de transformação das guerras até aos dias de hoje. Clausewitz definiu o conceito, na sua obra *On War* (1832), como "acto de violência que tem como objectivo obrigar o adversário a executar a nossa vontade" e "a continuação da política por outros meios". Quincy Wright (1979) define guerra como "um conflito entre grupos políticos, especialmente entre Estados soberanos, conduzido por importantes contingentes de forças armadas durante um período de tempo considerável". Gaston Bouthoul (1984) defende que a guerra só se pode definir de forma provisória, mas que, em traços gerais, corresponde a uma forma de violência que tem como característica essencial ser metódica e organizada no que se refere aos grupos que a praticam e à forma como a levam a cabo; para além disso, é limitada no tempo e no espaço e submetida a regras jurídicas particulares extremamente variáveis segundo os lugares e as épocas.

Perante a inoperacionalidade de algumas definições na análise de conflitos bélicos contemporâneos, alguns autores de estudos sobre as guerras propuseram abordagens mais amplas e instrumentais baseadas em indicadores mais ou menos quantificáveis. Neste sentido, Dan Smith (2001: 4) define guerra como

> Um conflito armado aberto, relativo ao poder do Estado e/ou ao controlo do território, que implica a existência de combatentes e de lutas organizadas, com continuidade entre os confrontos, causando pelo menos 25 mortes no espaço de um ano, no contexto de um número total de mortes relacionadas com o conflito de pelo menos várias centenas (Smith, 2001: 4).

Wallensteen e Sollenberg (2001: 631-633) distinguem entre conflitos armados menores, intermédios e guerra. Um conflito é menor quando o número de mortes resultantes dos confrontos durante o período do conflito é inferior a 1000; é intermédio quando se registam mais de 1000 mortes como consequência do conflito, mas menos de 1000 no período de um ano; e estamos perante uma guerra quando se registam mais de mil mortes num ano.

No entanto, nem todas as definições deixam claros os limites do que é e do que não é uma guerra. Neste sentido, guerra é um conceito dinâmico, complexo e objecto de várias interpretações, e qualquer tentativa de estabelecer de forma arbitrária uma definição fechada num dado momento deve entender-se como um *mero exercício de adaptação do conceito a um quadro instrumental que permita comparar casos distintos*, mas que em nenhum caso se deve tomar uma definição como excludente de outras possíveis interpretações (Romeva, 2003).

Em síntese, a identificação entre guerra e violência física directa e organizada, que remete a violência estrutural e a cultural para a periferia – ou mesmo para o exterior – da prática concreta da guerra, deve ser questionada. A evolução da própria configuração da guerra, registada em abundante literatura desde a década de noventa do século XX, pode ser lida como convocando a uma releitura que traga de modo mais explícito a violência estrutural e a violência cultural para o centro do próprio conceito de guerra. Não o fazer equivale a invisibilizar o *continuum* entre violência directa, violência estrutural e violência cultural. Mais: equivale a isolar a violência física das suas causas estruturais e culturais. É claro que, como já se disse atrás, a violência estrutural e a violência cultural são de ciclo longo, silenciosas. Mas isso de modo nenhum legitima que se acrescente a esse silêncio um outro, deliberado, de ocultação do que está na base das várias formas de violência directa, das várias guerras ou de práticas violentas (Pureza e Moura, 2005).

## 2. Das velhas guerras (modernas)...

As guerras, enquanto construções sociais características de um determinado contexto espacial e temporal, tiveram diferentes actores, condutas e incompatibilidades ao longo da história da humanidade.[4]

---

[4] Marcela Arellano Velasco analisa a evolução e complexificação das guerras, que foram sendo moldadas ao longo dos tempos e adaptadas a contextos específicos. Na Idade Antiga (1000 a.C.–século V d.C.) a guerra correspondeu a uma instituição dirigida por uma classe especializada que tinha como objectivo a pilhagem, a aquisição de novos territórios, o comércio ou a expansão religiosa ou ideológica. A eficácia e o poder destrutivo das guerras foi aumentando: estruturaram-se exércitos, fortificaram-se cidades e utilizaram-se novas armas e tácticas que facilitaram a mobilidade da guerra. A conquista de pequenos territó-

Na realidade, o que geralmente entendemos como guerra corresponde a um fenómeno específico que foi moldado na Europa entre os séculos XV e XVIII, e que passou por diversas fases desde então: desde as guerras relativamente limitadas dos séculos XVII e XVIII, associadas ao crescente poder do Estado absolutista, às guerras mais revolucionárias do século XIX, como as Guerras Napoleónicas ou a Guerra Civil Americana, relacionadas com a criação de Estados-nação, até às guerras totais do século XX – inicialmente guerras de alianças e, mais tarde, de blocos (Kaldor, 2001).

Cada uma destas fases foi caracterizada por uma forma de guerra distinta, que envolveu diferentes tipos de forças militares, diferentes estratégias e técnicas que reflectiam a diversidade de actores, condutas e incompatibilidades do momento. No entanto, a guerra correspondia, aparentemente, a um fenómeno único: à emergência ou construção do Estado moderno, centralizado, hierarquicamente ordenado e territorializado.

A construção de Estados modernos pressupôs a criação de monopólios públicos de violência, ou aquilo a que Norbert Elias (1982) chamou de "processo civilizatório": retirar a violência da vida quotidiana dentro das fronteiras de um Estado, estabelecendo um equilíbrio entre o interesse do governante (privado) e o interesse dos membros da sociedade regulada pelo Estado (pública), estabelecendo as fronteiras entre esfera pública e privada, militar e civil, económica e política, etc. A construção de monopólios públicos – da violência e dos meios económicos que permitiam a manutenção do monopólio da violência – esteve intimamente ligada às guerras contra outros Estados, que passou a ser considerada a única forma legítima de violência organizada.

O Quadro 1 constitui uma proposta de síntese das diferentes guerras que ocorreram entre os séculos XVII e XX. Em particular, apresenta os sistemas políticos, objectivos de guerra, tipo de exército, técnica militar e economia de guerra que caracterizaram e moldaram estas guerras.

---

rios deu origem a grandes impérios. Estes impérios de vocação universal foram desaparecendo e durante a Idade Média (século V-XV) não houve propriamente exércitos mas, sim, cavaleiros ao serviço dos monarcas, que dispunham de armamento muito pesado e por isso tinham pouca mobilidade. A partir do século XV, o processo de formação e consolidação dos Estados-nação traduziu-se no protagonismo adquirido pelos exércitos nacionais como expressão do povo/nação em armas. Pouco a pouco, no quadro de estabilização de uma visão vestefaliana das relações internacionais, os Estados foram entendendo a necessidade de manter um exército permanente para se defenderem dos demais Estados ou para apoiar a sua política de expansão (Arellano Velasco, 2004: 517-520).

QUADRO 1:  A evolução das velhas guerras

|  | *Séculos XVII e XVIII* | *Século XIX* | *Inícios século XX* | *Finais século XX* |
|---|---|---|---|---|
| **Sistema político** | Estado absolutista | Estado-nação | Coligações de Estados Estados multinacionais Impérios | Blocos |
| **Objectivos de guerra** | Razões de Estado Conflitos dinásticos Consolidação de fronteiras | Conflito nacional | Conflito nacional e ideológico | Conflito ideológico |
| **Tipo de exército** | Mercenário/profissional | Profissional | Exércitos massivos | Elite científico-militar Exércitos profissionais |
| **Técnica militar** | Uso de armas de fogo Manobras defensivas Cercos | Caminhos-de-ferro e telégrafo Rápida mobilização | Poder de fogo massivo Tanques e aviões | Armas nucleares |
| **Economia de guerra** | Regularização dos impostos e empréstimos | Expansão da administração e burocracia | Economia de mobilização | Complexo militar-industrial |

*Fonte:* Kaldor, 2001: 14

Nos séculos XVII e XVIII – início da formação dos Estados europeus – os objectivos de guerra prendiam-se com a *raison d'état*, com conflitos dinásticos e com as tentativas de consolidação de fronteiras. Gradualmente, tornou-se possível que os monarcas centralizassem o seu poder através da criação de exércitos, estruturas verticais, organizadas e hierarquizadas – inicialmente compostas por mercenários e, mais tarde, numa tentativa de garantir a lealdade ao monarca, transformadas em exércitos fixos e profissionais, identificados com uniformes e sujeitos a treinos militares regulares, que os mantinham ocupados em períodos de paz.

A criação de exércitos sob o controlo estatal – que dependeu da acumulação de poder económico, resultante da cobrança de impostos e de empréstimos efectuados à burguesia emergente – era parte integrante da monopolização legítima da violência intrínseca ao Estado moderno (Kaldor, 2001). A guerra surgia, assim, segundo a máxima de Clausewitz, como "a continuação da política por outro meios". Mas emergia também num contexto de novas distinções (distinções binárias ou dicotomias) características do Estado moderno: a distinção entre o público e o privado, entre a esfera da actividade estatal e a actividade não estatal; a distinção entre a esfera interna e a externa, entre o nível nacional e o internacional; a distinção entre o económico e o político; a distinção entre a esfera civil e a esfera militar, entre a intervenção intra-fronteiras não violenta e a intervenção externa violenta; e a distinção entre a posse e utilização legítima de armas e o não combatente e o criminoso. Ou seja, surgia a principal dicotomia, em torno da qual todas as outras assentam: a distinção entre guerra e paz (Kaldor, 2001).

No século XIX, a guerra envolveu principalmente Estados, com exércitos cada vez mais profissionalizados. A principal diferença face às guerras anteriores residiu na escala e capacidade de mobilidade, resultantes dos avanços da tecnologia industrial aplicados ao domínio militar – em particular com a utilização de caminhos-de-ferro e telégrafos – e da produção em massa de armas ligeiras.

Este aumento da capacidade destrutiva da guerra conduziu a uma tentativa de preservação do próprio conceito de guerra enquanto instrumento racional da política estatal. Não podemos esquecer, como refere Kaldor, que, para ser uma actividade socialmente aceite, a guerra necessita de uma justificação. Apesar de o interesse racional do Estado ser aparentemente o objectivo da guerra, foram sempre necessários motivos subjectivos para obter lealdade e convencer os soldados a arriscar as suas vidas. Por isso mesmo, a guerra foi codificada e organizada. Esta tentativa passou pela codificação internacional das leis de guerra, com a Declaração de Paris (1856), o Código Lieber (durante a Guerra Civil Americana), a Convenção de Genebra (1864) e a Declaração de S. Petersburgo (1868), as Conferências de Haia (1899 e 1907) e a Conferência de Londres (1908) (Kaldor, 2001: 23-24).

A criação de alianças entre Estados teve a sua expressão máxima ao longo do século XX, em particular nas guerras totais da primeira metade do século. De facto, as guerras do século XX tornaram-se próximas do conceito de guerra absoluta veiculado por Clausewitz, culminando com a descoberta das armas nucleares (Kaldor, 2001). Estas guerras totais envolveram uma vasta mobilização de recursos nacionais (humanos e materiais) para lutar e apoiar as guerras. Pressupuseram a criação de exércitos de massas e a utilização de uma economia de mobilização total da sociedade. Começavam a diluir-se, deste modo, as fronteiras herméticas entre as dimensões civil e militar, política e económica, e mesmo entre a esfera privada e a pública. Ou seja, este processo evolutivo da guerra moderna encarregou-se de iniciar a diluição das dicotomias em que assentou a sua construção... moderna.

Os objectivos de guerra ou as justificações para a legitimação das guerras foram sofrendo transformações à medida que as guerras assumiam novos contornos. Enquanto na I Guerra Mundial a devoção à pátria foi suficiente para mobilizar milhões de pessoas, na II Guerra Mundial foi necessário apelar a causas mais abstractas e poderosas, transformando a guerra numa luta contra o mal, ou utilizando a justificação ideológica como forma de legitimação da guerra. Nas palavras de Mary Kaldor,

> [...] a guerra é uma actividade paradoxal: por um lado, corresponde a um acto de coerção extrema, que envolve uma ordem socialmente organizada, disciplina, hierarquia e obediência; por outro lado requer lealdade, devoção e crença por parte de todos os indivíduos (2001: 27).

Neste sentido, o mais difícil numa guerra é precisamente mantê-la, e para tal é necessário que aqueles que nela participam reconheçam o seu objectivo como legítimo.

A fragilidade da justificação ou legitimação da guerra em termos de interesse estatal reflectiu-se na dificuldade de mobilização da população após a I Guerra Mundial.[5] Tornava-se evidente que os Estados não podiam mais entrar

---

[5] As técnicas das guerras do século XIX (com campos de batalha claramente definidos) tornaram-se obsoletas na I Guerra Mundial, que teve no poder das armas de fogo, nos tan-

numa guerra unilateralmente, e em especial os Estados europeus abandonavam um dos elementos essenciais da sua soberania – o monopólio legítimo da violência organizada (Kaldor, 2001). Mas tornava-se também evidente a erosão das distinções entre público e privado, militar e civil, interno e externo, e mesmo entre guerra e paz. Na I Guerra Mundial os alvos militares considerados legítimos eram os alvos económicos. Na II Guerra Mundial, considerada uma guerra total, o genocídio e o bombardeamento indiscriminado de civis foram justificados como necessidade militar.

A Guerra Fria manteve viva a ideia de guerra, com a manutenção de exércitos integrados em alianças militares, a corrida ao armamento e elevados gastos militares. A justificação ou a legitimação desta guerra passou, uma vez mais, pelo confronto ideológico, com exércitos profissionais cada vez mais especializados, que contavam com armas nucleares como possível instrumento de guerra, sustentados e perpetuados por uma complexa economia de guerra militar-industrial. No entanto, e na opinião de Edward Luttwak, esta justificação foi insuficiente, e talvez por isso se tenham registado os fracassos nas intervenções militares do pós-II Guerra Mundial no Vietname (por parte dos EUA) e no Afeganistão (ex-URSS). A heroicidade, objectivos e legitimidade da guerra foram claramente questionados, marcando a transição para uma "forma de guerra pós-heróica", que recorre (até aos dias de hoje) a ataques aéreos e bombardeamentos cirúrgicos, que tentam evitar as baixas de guerra militares (Luttwak, 1995).

Nas análises das várias fases das chamadas guerras clausewitzianas ou tradicionais, facilmente se depreende que estas guerras tinham como actores principais os Estados e os seus exércitos, que as técnicas militares reflectiam as condutas (violentas e directas) por eles adoptadas para resolverem incompatibilidades espelhadas nos (e frequentemente legitimadas por) objectivos de guerra. Mas, como veremos mais adiante, podemos também perceber que a economia de guerra pode corresponder, por um lado, a uma conduta – um mecanismo através do qual se garante a possibilidade e a viabilidade da guerra – ou, por outro lado, a uma incompatibilidade ou mesmo a um objectivo de guerra em si mesmo.

---

ques e nos aviões de guerra os seus instrumentos privilegiados, aumentando a letalidade e os custos da guerra. Em resposta a esta transformação da guerra, foram solidificadas as alianças, em particular no período do pós-guerra.

## 3. ...Às novas guerras

O final da Guerra Fria marcou o início do debate sobre a fragilização, erosão ou mesmo dissolução do Estado-nação, ao nível interno e internacional, em particular no que diz respeito ao monopólio público da violência. Alguns autores defendem que o século XX correspondeu, simultaneamente, ao apogeu e exaustão do Estado-nação, ao totalitarismo e à abolição generalizada das guerras interestatais (Kaldor, 2001; Duffield, 2001).

Este contexto foi impulsionado, em grande medida, pela *emergência* (ou, na minha opinião, maior visibilidade) de uma nova fase das manifestações das guerras – *novas guerras* – com actores, condutas e interesses antagónicos que não encaixam nas anteriores definições e análises dos conflitos bélicos. Daí a grande dificuldade na sua adjectivação: guerra "pré-moderna" (Van Creveld, 1991), guerra "do terceiro tipo" (Holsti, 1996), guerra "capilarizada" (Bigo, 1996).

As décadas de 1980 e 1990 ficaram, de facto, marcadas por profundas alterações nas referências de análise da conflitualidade internacional. As *novas* guerras vieram contrastar com a conflitualidade de matriz vestefaliana, que correspondeu sobretudo à construção do Estado moderno, territorial, centralizado e hierarquicamente ordenado. Se à construção do Estado moderno estiveram subjacentes as guerras interestatais (e vice-versa), as mudanças nos padrões da violência organizada, que têm ilustrado a ruptura com a modernidade, podem reflectir ou ser consideradas a causa da erosão do Estado – ou de uma unidade política característica de uma região, a Europa ocidental. Mas devem, acima de tudo, ser entendidas no contexto do processo de globalização – intensificação de conexões políticas, económicas, militares e culturais globais –, um processo contraditório que pressupõe simultaneamente integração e fragmentação, homogeneização e diversificação, globalização e localização (Kaldor, 2001).

Neste sentido, o (suposto) processo de erosão do monopólio da violência organizada por parte do Estado foi impulsionado, simultaneamente, pela transnacionalização das forças militares durante as duas Guerras Mundiais e a institucionalização do sistema de blocos durante a Guerra Fria (uma erosão a partir de cima); e pela privatização (a partir de baixo), através de um processo que pode ser considerado o oposto dos processos através dos quais nasceram os Estados modernos. Ou seja, as novas guerras ocorrem em situações de declínio da economia formal, de fraca legitimidade política e de privatização da violência.

Mary Kaldor (2001) foi pioneira na definição e análise deste novo tipo de conflitos violentos, defendendo que estas novas guerras correspondem a um novo tipo de violência organizada que é diferente porque faz com que não se vejam as diferenças entre guerra, crime organizado (violência conduzida por grupos de organização privada, com objectivos privados, normalmente o lucro financeiro) e violações em larga escala de direitos humanos (geralmente por parte de Estados ou por grupos politicamente organizados contra indivíduos).

Contrariando o entendimento que moldou os debates do pós-Guerra Fria sobre o carácter da nova conflitualidade, Kaldor defende que as guerras dos anos 1990 não são apenas "guerras civis" – se é que podemos falar de alguma *guerra civil*, como sublinha Vicent Martínez Guzmán (2001) – produzidas por "conflitos étnicos", ou que temos vindo a assistir a uma mera privatização da violência. Na realidade, quando falamos de casos como a Bósnia ou o Ruanda, falamos de conflitos políticos, que envolvem o poder estatal e outras formas de poder privado, e nos quais as políticas de identidade foram um meio através do qual as elites políticas legitimaram os seus objectivos e reproduziram o seu poder.

De facto, nestas novas guerras não é fácil de estabelecer na prática a distinção entre o público e o privado, o estatal e o não estatal, o formal e o informal, o que se faz por motivos económicos ou políticos. As novas guerras contrastam com as guerras consideradas tradicionais em termos dos seus *actores* (agentes e vítimas da violência), *métodos de guerra* (condutas), *objectivos* (interesses antagónicos) e o *modo de financiamento* (Kaldor, 2001; Romeva, 2003).

As velhas guerras tinham como principais *actores* ou agentes da violência os Estados e os exércitos – unidades hierárquicas verticalmente organizadas. Os seus *objectivos* eram declaradamente ideológicos e geopolíticos. Os *métodos* de guerra utilizados passavam pela conquista de território através de meios militares, sendo a esfera pública o cenário da violência – as batalhas constituíam os encontros decisivos das velhas guerras. A *economia* de guerra, em particular na I e II Guerra Mundial, era uma economia de mobilização, centralizada e totalizadora.

Nas novas guerras os principais *actores* ou protagonistas da violência dificilmente se distinguem da população civil, e envolvem uma enorme diversidade de grupos – unidades paramilitares, senhores da guerra, facções criminosas, grupos de mercenários, forças da polícia, mas também exércitos regulares, incluindo unidades dissidentes de exércitos regulares (Kaldor, 2001). Estas unidades de combate caracterizam-se pelo uso alargado de armas ligeiras (que são mais fáceis de transportar, mais precisas e podem ser utilizadas por soldados sem formação especial), pelo recurso a novas tecnologias (como telemóveis e internet), recorrem a novos métodos para obtenção de controlo político, criação e manutenção de um clima de ódio, medo e insegurança.

As novas guerras podem ser vistas como uma forma de aproveitamento, material e humano, do que "sobrou" da Guerra Fria – em particular das armas acumuladas ao longo de décadas e oferecendo uma alternativa económica (ainda que muitas vezes ilegal) a antigos soldados e combatentes de exércitos tradicionais.

A sociedade civil é simultaneamente o palco e o alvo da violência organizada. A população civil assume, nestas novas guerras, o papel de actor mas é, também, alvo de uma conduta ou estratégia utilizada para alcançar um objectivo. São, portanto, guerras declaradas contra a dimensão privada das sociedades (Moura, 2005).

Apesar de penalizadas ética e juridicamente, as atrocidades deliberadas contra a população não combatente ou a destruição de monumentos históricos não só persistem como adquirem um alcance intensamente deliberado nas novas guerras. Ou seja, o que era considerado como efeito secundário indesejável e ilegítimo das velhas guerras tornou-se um elemento essencial na forma de luta ou de conduta dos actores das novas guerras, recusando limites normativos (Kaldor, 2001).

Na opinião de Mark Duffield (2001), mais do que expressões de ruptura ou de caos, as novas guerras podem ser entendidas como uma forma de *guerra em rede (network war) não territorial* que actua através e à volta dos Estados. Ou seja, guerras que se baseiam em redes cada vez mais privatizadas de actores estatais e não estatais que actuam para além das competências convencionais de governos definidos territorialmente. Em vez de e para além de exércitos ou Estados, estas guerras aliam ou opõem redes políticas, económicas ou sociais, pressupondo, em geral, a eliminação de redes sociais. Desta forma, estas guerras não reconhecem a existência de população civil no sentido tradicional ou vestefaliano do termo. Trata-se de guerras que atenuam as distinções entre pessoas, exércitos e governos (Van Creveld, 1991), que resultam – e ao mesmo tempo originam – um esbatimento das fronteiras (entre o interno e o externo, por exemplo) que anteriormente se consideravam rígidas e bem definidas. Perante a retirada da segurança estratégica e do apoio económico veiculados anteriormente pelas superpotências e diante da consequente ausência de mecanismos de responsabilização e da inexistência de autoridade e segurança, a violência é mais facilmente dirigida contra a população civil.

No entanto, longe de ser uma "aberração periférica", esta guerra em rede é sinónimo da emergência de novas formas de protecção, legitimidade e direitos (Duffield, 2001: 14).

As técnicas ou *condutas* dos actores das novas guerras passam pela utilização de tácticas da guerra revolucionária e da contra-insurgência. Por um lado, o controlo do território através do domínio político e não da conquista física. Mas, na medida em que o método de controlo político passa pela adesão a um rótulo e não a uma ideologia, a principal forma desse controlo político faz-se através do deslocamento da população. Esta tendência confirma-se pelas actuais estatísticas sobre refugiados e deslocados internos resultantes dos conflitos armados contemporâneos. As estratégias utilizadas para este deslocamento passam pelo envenenamento de recursos naturais, tornando uma área inabitável (técnica recuperada da contra-insurgência), o assassínio sistemático de todos os que têm um rótulo diferente (como foi o caso do Ruanda, em 1994, com a política de genocídio da etnia Tutsi), as estratégias de limpeza étnica (no caso da Bósnia), entre outras (Kaldor, 2001).

Os objectivos ideológicos das novas guerras (as *incompatibilidades*) foram, aparentemente, substituídos, e os novos guerreiros estabelecem o controlo político de acordo com reivindicações de identidade. No entanto, a análise destas guerras deve tentar ir além das justificações étnicas ou de políticas de identidade. Os conflitos não são fenómenos isolados e, portanto, as novas guerras não resultam apenas de conflitos religiosos, étnicos ou políticos, mas essencialmente de objectivos económicos (Tortosa, 2001). Nas guerras por recursos, a violência deixou de ser uma excepção, ou um acontecimento temporário, para se tornar num elemento importante da sobrevivência política e económica em lugares que carecem de alternativas. David Keen afirma que

> [...] uma guerra em que se evitam as batalhas mas que atinge a população civil não armada e em que se compram Mercedes talvez faça mais sentido...[do que] arriscar a vida em nome no Estado-nação sem qualquer perspectiva de ganho financeiro significativo (Keen, 1995).

Para Duffield (2001), a característica mais marcante destas novas guerras é o desenvolvimento de economias políticas de guerra ou de sistemas de financiamento que se baseiam na exploração e exportação de recursos naturais, cultivo e exportação de drogas, tráfico de armas, etc., que se reproduzem num sistema de renovação da violência. Estas actividades económicas ilegais não são um processo anárquico, fazem parte de uma ampla economia paralela de âmbito local, nacional, regional e internacional, permitindo que o conflito se prolongue e que se torne mesmo um incentivo ao próprio conflito. Nas palavras de Kaldor.

> A guerra oferece uma legitimação para as diversas formas criminosas de enriquecimento privado, mas ao mesmo tempo estas são fontes necessárias de receita para manter a guerra. As partes em conflito necessitam de um estado de conflito mais ou menos permanente para reproduzir as suas posições de poder e para ter acesso a recursos (Kaldor, 2001: 110).

Mas longe de ser uma consequência do colapso do Estado moderno, a perpetuação destes conflitos é também um produto do sistema interestatal, uma vez que os próprios Estados agem muitas vezes como guarda-costas de outros actores transnacionais.

Esta nova economia de guerra – *economia de guerra globalizada* ou *nova economia política da guerra* – é praticamente o oposto das economias de guerra que possibilitaram, por exemplo, a I e a II Guerra Mundial. Perante os elevados índices de desemprego e de desigualdades sociais, a diminuição da produção interna e das receitas provenientes dos impostos, e da destruição física típicos destes contextos, estas economias de guerra são altamente descentralizadas e dependentes de recursos externos (especialmente de remessas do estrangeiro, como as provenientes das diásporas, da própria assistência humanitária e das redes de comércio ilegal). A violência depende destas fontes de financiamento para se manter e perpetuar e, por sua vez, esta economia só se mantém através de um *continuum* de violência que atravessa fronteiras.

A *nova economia de guerra globalizada* corresponde, em síntese, a uma condição social predatória, que apesar de ser mais comum em zonas de conflito armado afecta as economias de regiões envolventes. É possível, portanto, identificar aglomerados de economias de guerra em muitas regiões do mundo (Kaldor, 2001), dificultando a distinção entre zonas de guerra e zonas de paz.

Kalyvas analisa esta linha de argumentação que pretende distinguir entre "velhas" e "novas guerras" do pós-Guerra Fria e critica a leitura dicotómica que ela sustenta. A maioria das distinções entre *velhas* e *novas guerras* defende que as

> [...] *Novas guerras civis* têm características criminosas, são despolitizadas, privadas e predatórias, enquanto que as velhas guerras civis são consideradas ideológicas, políticas, colectivas e mesmo nobres (Kalyvas, 2001: 100).

Esta distinção faz-se em torno de três dimensões: causas e motivações, apoio popular e violência. Em primeiro lugar, defende-se que as velhas guerras eram motivadas por ideologias de mudança social bem definidas, claramente articuladas, universalistas, enquanto as novas guerras tendem a ser motivadas por preocupações que vão pouco além do mero ganho privado, recorrendo à distinção entre ganância (*greed*) e ressentimento (*grievance*) proposta, entre outros, por Collier e Hoeffler (2000). Kalyvas assinala, a este propósito, o argumento utilizado por Enzensberger que refere a ausência de objectivos das novas guerras, ao afirmar que "o que confere às guerras de hoje um carácter novo e aterrorizador [...] é o facto de serem guerras *sobre coisa nenhuma*" (Enzensberger, 1994 *apud* Kalyvas, 2001: 101).

Em sentido oposto, Duffield defende que

> As novas guerras são organicamente associadas a um processo de transformação social: a emergência de novas formas de autoridade e de zonas de regulação alternativa (2001: 14).

Outra dimensão em torno da qual se parece basear a distinção entre velhas e novas guerras é a violência: violência controlada das velhas guerras *versus* violência gratuita das novas guerras.

Robert Kaplan (1994) defende que o desenvolvimento das guerras após o final da Guerra Fria revela a irracionalidade dos actores, apontando para uma despolitização da violência e questionando mesmo a utilidade da procura de causas para as novas guerras. Kalyvas contrapõe, afirmando que

> A violência dos mais fortes pode expressar-se através do uso de explosivos ou bombas de napalm. Mas estas armas não são diferentes das granadas de mão atiradas do cimo de telhados; de facto, estas farão mais vítimas inocentes (Kalyvas, 2001: 115).

Por outro lado, a falta de sentido da violência das novas guerras não é tão gratuita como aparenta: é estratégica. Assim, por exemplo, as atrocidades cometidas na Serra Leoa (1998-1999), na Bósnia (1992) ou na RD do Congo (1997-2008) foram cuidadosamente planeadas e centralizadas, apoiadas e controladas a partir do exterior, resultantes de uma estratégia orquestrada para aterrorizar as vítimas.

Em suma, há muito de construído nesta visão que opõe velhas a novas guerras. Pode dizer-se que o destaque dado às notas da despolitização e da criminalização das guerras mais recentes é não tanto expressão de uma novidade empírica mas antes resultado da falta de categorias conceptuais adequadas, isto é, trata-se de conflitos que não se ajustam a uma determinada concepção de guerra.

Estes espaços ou zonas de indefinição não são, contudo, recentes. Ao longo do século XX (em particular na segunda metade do século) as baixas de "guerra" não ocorreram apenas durante conflitos armados tidos como tradicionais, em guerras com fronteiras perfeitamente nítidas. Como lembra Mary Kaldor (2001), ao mesmo tempo que se viviam guerras assumidas enquanto tal, em particular na Europa, eclodiram conflitos nos quais morreram mais pessoas do que na II Guerra Mundial. No entanto, como estas guerras não se ajustavam a uma determinada concepção de guerra, não foram tidas em consideração, foram vistas como periféricas, marginais, conflitos de baixa intensidade, guerras irregulares e informais e portanto abafadas pela importância de conflitos considerados centrais.

Estas formas de violência com actores, técnicas e estratégias "atípicos", vieram a ser, já nos nossos dias, académica e politicamente aceites como *guerras a sério*, reconhecidas pela comunidade internacional enquanto tal. No entanto, e por constituírem uma condição social predatória, estas novas guerras são prolongadas e difíceis de terminar, uma vez que as tentativas de resposta são, em grande medida, formatadas por um entendimento sobre a guerra que já não corresponde à realidade e não tem em consideração as relações sociais e de poder subjacentes.

As novas características da violência fazem, de facto, com que as diferenças entre as zonas de combate e as zonas de paz aparente não sejam tão claras como em épocas anteriores e que, neste novo cenário,

> [A]ssim como é difícil distinguir entre o político e o económico, o público e o privado, o militar e o civil, [é] também cada vez mais difícil distinguir entre a guerra e a paz (Kaldor, 2001: 143).

A economia política das guerras contemporâneas mostra como as zonas de paz e de guerra são interdependentes, como as estruturas de violência nas zonas de conflito estão claramente ligadas a relações de poder internacionais. Neste sentido, alguns autores chegam mesmo a recusar o conceito de "guerras intra-estatais" para caracterizar estes conflitos (Jung, 2003).

As condições da guerra e da paz tornaram-se, neste sentido, relativas, não são mais consideradas absolutas ou opostas. A proliferação de armas ligeiras, os níveis de violência, morte e deslocamento aproximam as zonas de paz e de guerra. A paz tornou-se numa condição relativa, revelando a persistência de economias políticas violentas. Nas palavras de Duffield (2001), muitas das guerras dos anos 1990 surgem como uma amplificação das relações internas e contradições que moldaram a paz formal de períodos anteriores que, afinal, já correspondia a uma paz violenta, ou a uma zona de indefinição.

## 4. Conclusão: novidade ou continuidade?

Os conceitos ou definições de conflito e de guerra não são imutáveis e estáticos, são conceitos dinâmicos e devem ter capacidade de adaptação às novas realidades. A comparação entre os sistemas políticos, objectivos de guerra, tipo de exército, técnica militar e economia de guerra das chamadas velhas guerras e das novas guerras revelam-nos um *continuum* e uma articulação das causas da violência e das guerras que, por sua vez, tem manifestações cada vez mais locais (apesar dos seus impactos globais). Fica, assim, sublinhada a necessidade de repensar categorias e adaptar conceitos.

Os contextos de paz formal (e violenta) das velhas guerras transformaram-se, depois do final da Guerra Fria, em cenários de um novo tipo de conflitualidade violenta, a que se chamaram novas guerras. No entanto, as abordagens tradicionais sobre as velhas guerras não permitiram ver os sinais de emergência destes novos tipos de conflitualidade, por não corresponderem a nenhuma definição de guerra.

Podemos afirmar que "Estados falhados" e "novas guerras" são conceitos da mesma constelação analítica. Com o final da Guerra Fria, a teoria dominante sobre paz e conflitos centrou a sua análise na fragilidade com vários rostos, característica da periferia do sistema mundo, e viu nela a fonte de uma pretensa nova conflitualidade violenta. Há nesta "descoberta" uma revelação de quanto a Guerra Fria foi um mecanismo de ocultação. De facto, as novas guerras, em que se teriam especializado os Estados falhados, constituem, para a teoria dominante, uma espécie de regresso a um estado de natureza de tipo hobbesiano, com rivalidades endémicas entre identidades pré-modernas potenciadas pela fragilidade do Estado e, em consequência, pela privatização da violência e pela disputa incessante do monopólio do uso da força entre grupos e facções rivais. Tudo indicando o quanto, alegadamente, a modernidade terá falhado aí, não se materializando nos seus adquiridos políticos essenciais: Estado nacional, monopólio do uso legítimo da força, unicidade jurídica, económica e militar (Pureza *et al.*, 2007).

Os *Estados falhados* e as *novas guerras* fazem, pois, parte da mesma representação da periferia do sistema mundo: o lugar da guerra (por contraste com o lugar da paz, o centro) e o lugar do caos pré-moderno (por oposição ao lugar da modernidade consolidada em ordem institucional) (Pureza *et al.*, 2006). Ora, esta dicotomia carece claramente de confirmação empírica em dois aspectos principais: primeiro, o da novidade substancial das guerras da periferia relativamente ao passado recente; segundo, o do contraste absoluto entre guerra e paz, tal como insinuado no universo conceptual dos Estados falhados e das novas guerras.

Teóricos como Snow (1996) e Duffield (2001), da área dos estudos sobre segurança, Collier (2000) e Jung (2003), da economia política, Gray (1997), das relações internacionais, ou Shaw (2002) e Kaldor (2001 e 2007), da sociologia política, analisaram exaustivamente o conceito de novas guerras. Todos defendem que os conflitos violentos desde o final do século XX se distinguem das guerras que os antecederam. Estas novas guerras diferem em termos de cenários (conflitos internos em vez de interestatais), métodos, modelos de financiamento (externo em vez de interno) e são caracterizadas por uma violência com elevado grau de brutalidade, tendo na população civil um alvo deliberado. Para além disso, e ao contrário das velhas guerras, estes novos conflitos utilizam diferentes tácticas de combate (acções de terror e guerrilha e não campos de batalha convencionais), diferentes estratégias militares (controlo de população em vez de conquista de território), usam novos combatentes (exércitos privados, *gangs* criminosos e senhores da guerra, em vez de soldados profissionais) e são altamente descentralizadas. Estas novas guerras são também consideradas caóticas, uma vez que atenuam ou desafiam as distinções tradicionais existentes (legal/ilegal, público/privado, militar/civil, interno/externo e local/global).

No entanto, a investigação transdisciplinar que se desenvolveu após as primeiras abordagens colocou desafios aos pressupostos iniciais. Como refere Malesevic (2008), apesar de serem mais frequentes os conflitos intraestatais, não desapareceram por completo os conflitos interestatais. Muitas das guerras que começam como conflitos internos transformam-se em conflitos interestatais, como foi o caso da ex-Jugoslávia. De facto, Kalyvas (2006) defende que o conflito semântico sobre como apelidar algumas guerras faz parte da guerra em si, uma vez que a utilização de termos como guerra civil ou interestatal pode conferir ou negar legitimidade às acções das partes envolvidas. Por outro lado, algumas guerras são intra e interestatais, uma vez que, ainda que internas, são apoiadas económica, política e militarmente pelos Estados vizinhos e pelas potências mundiais.

Em segundo lugar, não existe base empírica para se afirmar que os conflitos recentes são mais violentos do que os anteriores, tanto em termos de baixas humanas como em níveis de atrocidade. O rácio de mortes civil/militar mantém-se nos 50/50, ao contrário de argumentos recentemente utilizados sobre a enorme desproporção de civis mortos em conflitos violentos.[6]

Em terceiro lugar, e ainda no seguimento dos argumentos usados por Malesevic (2008), chamar de novidade ao facto de a população civil ser usada como alvo ou ao uso de tácticas de terror e guerrilha pode também ser questionado. Newman (2004) refere que conflitos anteriores, como a Revolução Mexicana (1910-1920), são um exemplo de como a população civil foi um alvo deliberado da violência. Com a excepção do Ruanda, as novas guerras não alcançaram o número de vítimas civis registados no genocídio de Herreros (México) ou no Holocausto.

Estas críticas desafiam o argumento da novidade dos meios, métodos, estratégias, tácticas, e níveis de brutalidade das novas guerras. Insinuam também que as novas guerras não diferem significativamente das formas de guerra convencionais em termos de baixas de guerra ou da percentagem de população civil vitimada.

No entanto, a grande maioria dos autores defende que o que distingue de forma radical as novas das velhas guerras são os seus objectivos. Nas novas guerras já não se luta por ideologia, mas por identidade (Kaldor, 2001), pela lógica económica da globalização ou por percepções de risco para os interesses e normas ocidentais (Shaw, 2002). No entanto, a linguagem identitária da solidariedade colectiva é inerentemente política: fala em termos de autenticidade cultural mas actua através de projectos políticos (Brubaker, 2004 *apud* Malesevic, 2008: 107). Por outras palavras, não existe identidade sem ideologia e nenhuma ideologia consegue mobilizar com sucesso o apoio popular sem construir rótulos de grupo com significado. Neste sentido, no caso da Bósnia-Herzegovina, referido como exemplo de nova guerra, predominou a motivação geopolítica e ideológica, ou seja, os objectivos eram a conquista de um determinado território de forma a implementar projectos políticos específicos (Malesevic, 2008). Assim, e como defende Kalyvas (2001), podemos afirmar que o que mudou não foi a natureza da guerra em si, mas *a percepção ocidental de guerra.*

---

[6] A guerra da Bósnia de 1992-1995 costuma ser usada como exemplo por excelência da desproporção de mortes civis e militares; no entanto, dados recolhidos recentemente (Tokaca, 2007 *apud* Malesevic, 2008) revelam que o rácio foi de 50/50.

Independentemente do carácter mais ou menos novo das guerras dos anos 1990, temos vindo a assistir, nos últimos anos, a uma tendência para a materialização de uma nova geografia da violência organizada (mais do que a um novo tipo de guerra muito diferente das anteriores), a uma escala cada vez mais micro, com guerras locais que são resultado da escala global, têm impacto nela e dependem dela. Mas é, porventura, mais do que apenas uma nova geografia: é uma nova identidade da guerra ou a sua viabilização como exacerbação das violências.

Como veremos no próximo capítulo, os actuais espaços de indefinição ou sem nome, entendidos como contextos de paz formal, podem conter indícios de novos tipos de conflitualidade violenta, questionando as distinções estanques e herméticas entre cenários de paz formal, guerra e pós-guerra.

# CAPÍTULO II
# NOVÍSSIMAS GUERRAS À MARGEM DAS NOVAS GUERRAS?

## 1. Das novas às novíssimas guerras

O final da Guerra Fria não marcou, como já foi referido, o fim da guerra e dos conflitos violentos. Na realidade, as tentativas de despolitização e de apelidação das guerras contemporâneas de conflitos de baixa intensidade, civis ou periféricos silenciaram violências estruturais e culturais que estiveram na base de guerras anteriores, consideradas *guerras a sério*. Tal como o debate sobre estas guerras convencionais, vestefalianas, moldou a atenção internacional ao longo de séculos, desviando o olhar de fenómenos que não encaixavam nos parâmetros estabelecidos, também os debates teóricos e as tentativas de resposta a contextos que vieram a ser considerados cenários de novas guerras podem contribuir para a marginalização e afastamento das preocupações teóricas e políticas de fenómenos que alimentam e são gerados pelas guerras contemporâneas.

Por um lado, não devemos esquecer que muitas das guerras dos anos 1990 surgiram como uma amplificação das contradições e relações internas que moldaram a negociação formal da paz em momentos anteriores – que correspondia, afinal, a uma paz violenta ou a uma zona de indefinição (Duffield, 2001). Por outro lado, há que salientar que nestas *novas* guerras do pós-Guerra Fria, a permanência de um estado de conflito de alta intensidade é condição essencial para que se verifiquem os dois objectivos estratégicos pretendidos: a (re)negociação das posições de poder e o acesso a recursos (Kaldor, 2001). Ou seja, estas novas guerras inserem-se num *continuum* de violências que atravessa fronteiras, em que a emergência de aglomerados de economias de guerra e a interdependência entre zonas de paz e zonas de guerra são traços definidores essenciais.

Neste sentido, e para que não se repitam erros passados, torna-se essencial, em contextos de pós-guerra ou em períodos de paz formal, entendermos e visibilizarmos expressões da violência que vão além das violências das guerras, e analisarmos as continuidades e transferências destas violências de outros períodos para novas escalas, meios, manifestações e actores.

Estas espirais e continuidades das violências podem assumir um sentido duplo. Por um lado, as violências da guerra podem ser normalizadas no quotidiano de sociedades que vivem em supostos contextos de pós-guerra. Por outro lado, a violência do quotidiano, muitas vezes socialmente aceite, que caracteriza países que vivem em paz formal, e que muitas vezes não atravessaram um período de guerra, pode constituir formas embrionárias de uma futura guerra, ou de uma guerra mais micro.

Este tipo de análise questiona radicalmente os conceitos tradicionais de guerra e de paz. Afinal, a paz, enquanto antítese da guerra, passa a ser um conceito redutor e simplista. Perante os actuais cenários de proliferação da violência, especialmente da violência armada, letal, que se manifesta em espaços geográficos e sociais distintos, a várias escalas, torna-se claro que a negação da paz já não é a guerra mas, sim, a violência. Neste sentido, falar em contextos de guerra, pós-guerra e paz, analisados como categorias analíticas e de actuação distintas, passou a ser limitado e ilusório. Como defende Pacheco *et al.* (2006), *depois da guerra* é também *antes da guerra*, assim como a paz pode ser a continuação da guerra por outros meios ou, acrescentaria eu, das violências típicas da guerra transformadas e adaptadas a novos contextos.

A guerra deixou de ser, portanto, uma excepção – um momento de intensa irracionalidade e violência, mas com um começo e um fim claros – para se transmutar em expressão "instalada" de uma cultura de violência, com uma intensidade e uma radicalidade inconstantes. Mas essa persistência de uma cultura de violência em acto tornou-se num elemento crucial de sobrevivência política e económica em muitas regiões do mundo, satisfazendo as (novas) economias políticas de guerra, que dependem deste *continuum* de violência. Esta nova condição da guerra corresponde, como sublinha Duffield, a uma economia de guerra globalizada, que redefine o próprio estatuto material e simbólico da periferia do sistema mundial, regressada a uma espécie de selvajaria primordial, uma condição social predatória que, apesar de ser mais comum ou mais visível em zonas de conflito, afecta igualmente as regiões envolventes.

A existência de aglomerados de economias de guerra em várias regiões do mundo (Kaldor, 2001) dificulta, por um lado, a distinção entre zonas de guerra e zonas de paz. Mas, acima de tudo, revela-nos que, no contexto da economia política das guerras contemporâneas, as zonas de paz e de guerra se tornaram interdependentes, e que as condições da guerra e da paz já não são absolutas e opostas mas, sim, relativas.

A preocupação com as diferentes tipologias e formas de expressão das violências contemporâneas tem ganho relevo nos debates internacionais. Autores como Briceño-León (2002, 2005), Dowdney (2003, 2005),

Moser e Clark (2001), Rodgers (2003), Scheper-Hughes e Bourgois (2004), Konnings e Kruijt (1999, 2004, 2006), Winton (2004), Zaluar (2000), entre outros, têm analisado a *nova* violência urbana: a sua quotidianização, os novos actores e formas de organização da violência, as suas dimensões sexuadas e o aumento e normalização da criminalidade, em particular nas sociedades latino-americanas.

Coloca-se então uma questão central: estaremos perante uma maior visibilização de novas ou de *novíssimas* zonas de indefinição ou zonas de paz violenta que se alimentam e, ao mesmo tempo, possibilitam a perpetuação da economia política das guerras contemporâneas? Estarão a intensificar-se *novíssimas guerras* nas entrelinhas, nas brechas das novas guerras? As guerras irregulares e informais da segunda metade do século XX foram o prelúdio das novas guerras dos anos 1990, que, na opinião de Kaldor (2001), têm ainda objectivos políticos – por reivindicarem o poder estatal – e que passam ainda pela reclamação de poder com base em identidades. Estará a emergir, actualmente, um novo tipo de violência que, por não corresponder (ainda) a nenhum daqueles requisitos, é tido como irrelevante no estudo das guerras a *sério*?

Como já foi referido, as novas guerras diferem da paz violenta em termos de escala ou grau, mais do que em condições absolutas ou opostas: a existência de um conflito armado declarado pressupõe a existência de nichos de autoridade com poder suficiente para mobilizar redes transnacionais necessárias para sustentar essa violência (Duffield, 2001). A dinâmica de disseminação física da violência organizada e armada a uma escala cada vez mais micro – e, contudo, globalizada – está bem patente sobretudo nas zonas de indefinição, onde a guerra se confunde com a paz. E mesmo em contextos de paz institucionalizada – seja em sociedades que atravessam um período de reconstrução pós--bélica, seja em sociedades saídas de regimes autoritários que vivem um período de transição democrática – se identificam os nichos de autoridade com poder suficiente para mobilizar redes transnacionais que, por um lado, permitem a perpetuação das novas guerras, mas que, e acima de tudo, contribuem para a reconfiguração de novíssimas guerras, com actores, condutas e objectivos que são simultaneamente comuns e distintos das novas e velhas guerras.

Em sociedades que vivem processos de reconstrução pós-conflito dominados por preocupações de curto prazo e por um quadro de referências políticas, económicas e sociais de recorte neoliberal, facilmente se opera uma transferência da violência militar anterior para uma violência social disseminada, em que o arsenal de cultura de violência acumulada ao longo de décadas explode em violência armada. A desmobilização de antigos combatentes não significa, necessariamente, a sua desmilitarização. Perante a inexistência de alternativas viáveis, estes ex-combatentes desmobilizados formam frequentemente grupos armados que são actores-chave no crime armado organizado.

Não podemos esquecer que um dos maiores legados das novas guerras é a disponibilidade de armas de fogo. Em El Salvador, por exemplo, estima-se que um milhão e meio de armas estejam em posse privada, e que desse número apenas um terço esteja legalmente registado (*World Vision*, 2002). Como salienta Kaldor (2000), na medida em que os vários actores das novas guerras dependem da violência continuada, os cessar-fogos e os acordos de paz correspondem frequentemente a tréguas ou a pausas que não lidam com as relações sociais subjacentes. Neste sentido, o pós-guerra constitui, frequentemente, um momento de pré-guerra, que definitivamente não representa um período de pós-violências.

Os avanços tecnológicos verificados nos últimos anos tornaram as armas da violência mais letais, mais fáceis de manusear e mais discretas. Actualmente, o aumento dramático da posse e uso civil de armas de fogo, em concreto, dilui de forma claríssima as fronteiras entre cenários de guerra e cenários de paz. A proliferação global e as formas de utilização das armas ligeiras constituem, assim, uma das maiores novidades destes *novíssimos* conflitos. E torna estes cenários parte integrante de um fenómeno global, interdependente, com expressões localizadas.

Mesmo fora de contextos de reconstrução pós-bélica se registam situações de hiperconcentração territorial de violência armada em contextos mais vastos de paz institucionalizada e formal. Kaldor afirma que as condições que deram origem às novas guerras e que são exacerbadas por elas existem em formas mais fracas na maioria dos aglomerados urbanos do mundo, que muitas vezes têm ligações directas com regiões mais violentas (Kaldor, 2000). A principal teorizadora das novas guerras pós-vestefalianas evidencia, assim, uma importante abertura para a consideração de outros, *novíssimos*, cenários de conflitualidade que prolongam os traços identificadores das novas guerras. E aqui apontamos a segunda grande característica das novíssimas guerras: o seu carácter iminentemente *urbano*. Alguns autores referem mesmo a tendência actual para uma "urbanização dos conflitos", defendendo que "as cidades serão os campos de batalha do próximo século" (Dufour, 1997: 41). Mas apesar da manifestação destes conflitos violentos em espaços mais micro, dentro de Estados, por vezes dentro de cidades ou de sub-regiões de uma cidade, há que salientar que são fenómenos globais. Ou seja, falamos de fenómenos localizados que estão globalizados, por ocorrerem em todo o mundo.

Os conflitos armados, os regimes autoritários ou a debilidade estatal têm uma influência decisiva na (re)configuração dessa nova tipologia da violência. Como salienta Winton (2004), o Estado tem um papel central nas construções culturais da violência. A normalização da violência é apenas possível através de um sistema de normas, valores ou atitudes que permitam ou estimulem a utilização da violência como instrumento privilegiado de resolução de conflitos. E este sistema de valores pode invadir os comportamentos em todas as esferas da nossa vida, fazendo com que a violência seja a norma e não a excepção. Em países saídos de regimes autoritários, a reforma policial e do sistema judicial não foi bem sucedida, ou nem sequer ocorreu. Não houve, deste modo, um desmantelamento de estruturas institucionais de opressão do passado e, perante a ausência de meios institucionais de resolução democrática de conflitos por parte do Estado, assistimos à perpetuação de antigos medos e inseguranças, numa era a que Winton (2004) chama de "violência pós-autoritária". E aqui surge a terceira grande característica destas novíssimas guerras: o sistema de guerra que legitima este tipo de violência e que o permite perpetuar-se invade todas as esferas das nossas vidas. Do macro ao micro, do pessoal ao estatal e internacional, cruzando velhíssimas violências com novíssimas tecnologias, em *continuuns* e espirais.

Uma das maiores consequências da ineficácia estatal – agravada pela corrupção de actores estatais e pelo clientelismo – é a luta pelo preenchimento de vazios de poder institucional emergentes, mais do que as tentativas de reclamação do poder estatal existente. Como afirmam Moser e McIlwaine (2004), um dos aspectos mais significativos das guerras urbanas contemporâneas é a variedade de tipos de actores envolvidos na violência, bem como os acordos e conflitos violentos entre estes diferentes grupos. Várias instituições e grupos estatais, privados, civis e criminosos estão envolvidos na luta pelo poder social, económico e político *dentro* de comunidades – os chamados sistemas de poder paralelos – dando origem a uma forma de violência em que os conflitos com motivações políticas se diluem noutro tipo de crimes e violências.

As novíssimas guerras distinguem-se, portanto, da simples criminalidade interna de larga escala. A fronteira cada vez menos nítida entre a esfera interna e internacional em cenários de novíssimas guerras faz com que a definição ou caracterização desta nova conflitualidade dependa das "lentes" ou dos filtros com que analisamos estes contextos. Se nos centrarmos única e exclusivamente na dimensão interna, pouco mais veremos do que um cenário de criminalidade hiperconcentrada, sem objectivos políticos. Mas se compreendermos as articulações entre estes fenómenos locais e o contexto internacional, veremos que estamos perante a emergência de conflitos de tipo novo, disseminados à escala global. Ao chamar *novíssimas guerras* a este tipo de conflito violento, pretendo realçar esta diferença importante.

Neste contexto, a minha hipótese é a de que neste novíssimo tipo de conflitualidade se cruzam duas dinâmicas de sentido oposto: de um lado, uma dinâmica *descendente* traduzida numa "descida" da violência armada cada vez mais ao terreno do doméstico; do outro, uma dinâmica *ascendente* que se concretiza na intensificação de formas ditas tradicionais de violência urbana. A singularidade desta forma de violência – que pressupõe novos espaços e tem novos actores que adoptam novas condutas na concretização dos seus objectivos – distingue-a das chamadas novas guerras.

Em seguida, analiso as três grandes características das novíssimas guerras: o seu carácter urbano, a especificidade da sua dimensão armada e as espirais que legitimam e perpetuam esta conflitualidade violenta.

### 1.1. *Violências em cascata: causas subjacentes às novíssimas guerras*

São vários os autores que avançaram propostas explicativas para o aumento da violência armada urbana, em particular para o contexto da América Latina (Neto, 2002; Briceño-León, 2002; Tavares dos Santos, 2002; Moser, 2004, entre outros). Existe, actualmente, uma relativa unanimidade quanto à multiplicidade de factores que se interrelacionam e subjazem à violência urbana dominante em aglomerados de economias de guerra. Esta violência emergiu nos anos 1980 e 1990 e resulta da combinação de vários factores: a persistência de elevados níveis de desigualdade social, as taxas baixas ou negativas de crescimento económico, o elevado índice de desemprego e de emprego precário, o rápido crescimento das grandes cidades e das áreas metropolitanas, a homogeneização e inflação das expectativas dos jovens que nascem nas comunidades mais pobres, a ausência ou fragilidade de infra-estruturas urbanas básicas, de serviços sociais básicos e de organizações da sociedade civil em bairros mais pobres, a crescente disponibilidade de armas ligeiras e drogas, a presença crescente e cada vez mais forte do crime organizado, a cultura da violência mantida e perpetuada pelo crime organizado e pelos meios de comunicação e, finalmente, o baixo nível de eficácia da polícia e de outras instituições do sistema de justiça criminal.

Moser (2004) defende que na identificação dos factores que subjazem à violência importa distinguir entre *causas estruturais* e *factores de risco* catalisadores dessa violência. Enquanto as primeiras correspondem às relações de poder desiguais existentes num determinado contexto, os últimos dizem respeito a determinadas circunstâncias desse contexto que podem potenciar a probabilidade de a violência ocorrer. Ou seja, as questões de poder e de ausência de poder são fundamentais para entender os factores causais que subjazem à violência.

De entre essas várias interpretações destaca-se a metodologia adoptada por Briceño-León (1999) – o modelo explicativo complexo da violência urbana – que distingue entre *factores que originam, factores que fomentam* e *factores que facilitam* a nova violência urbana. Entre os *factores que originam* a violência urbana salientam-se a desigualdade social, a pobreza humana, o ócio juvenil, a perda de mecanismos de controlo social tradicional e a inflação de expectativas – bem como a consequente impossibilidade de as satisfazer (Briceño-León, 2005).

Apesar de a nova violência urbana ocorrer principalmente entre os pobres dos grandes centros urbanos – é uma violência de pobres contra pobres – a pobreza não constitui um factor explicativo deste aumento da violência, e sim o empobrecimento e a desigualdade. De facto, as taxas mais elevadas de homicídios não se registam nos países mais pobres da América Latina, como a Bolívia ou o Peru, mas sim nos países com maiores índices de desigualdade social e, em particular, nos estados ou cidades com maiores desigualdades na distribuição de recursos[7] (Briceño-León, 2002).

Alguns autores defendem que esta violência estrutural (espelhada nos índices de desigualdade social) produz violência reactiva – seja criminosa ou política – como forma de resposta (Briceño-León e Zubillaga, 2002). Em situações de ampla desigualdade, a população pobre urbana é subalternizada e marginalizada, e as suas condições de vida diárias intensificam o potencial para a emergência de conflitos, crime ou violência (Vanderschueren, 1996). Por outro lado, poucos são os jovens que terminam a escolaridade mínima obrigatória[8] e, perante a falta de qualificações, muitos são também os jovens que ficam desempregados – em Caracas, 27% dos jovens do sexo masculino com idades compreendidas entre os 15 e os 18 anos não trabalham nem estudam (Briceño-León, 2002).

---

[7] Na América Latina, 24% da população vive com menos de um dólar por dia; o desemprego, na região, passou de 5,7% em 1990 para 9,5% em 1999. Para além disso, os empregos existentes são, na grande maioria, informais e, portanto, precários (Briceño-León, 2002).

[8] Calcula-se que de 100 crianças que entram no primeiro grau da escola na Bolívia, Brasil, Colômbia ou Peru apenas 15 cheguem ao final do nono grau (Briceño-León, 2002).

Por outro lado, a violência urbana não se manifestou com a chegada da população proveniente dos espaços rurais, e sim na segunda ou terceira gerações, urbanas. Briceño-León (2002) defende que perante a democratização do acesso à informação e a homogeneização das aspirações (mas não das possibilidades) de consumo, a insatisfação das expectativas criadas nas gerações pobres que nasceram nas cidades emerge também como factor explicativo da explosão deste tipo de violência. Ou seja, a globalização é democrática e igualitária na disseminação de expectativas, mas é desigual na oferta de meios que as satisfaçam (Briceño-León e Zubillaga, 2002: 28).

A *organização ecológica das cidades* (a sua distribuição e desenho geográficos), a *cultura da masculinidade*, o *tráfico de drogas* e a *impunidade* são apresentados, por Briceño-León (2002), como *factores que fomentam* a violência urbana.

O *tráfico de drogas* é um dos elementos centrais das economias políticas das novas guerras, enquanto fonte de financiamento e de renovação da violência, e portanto faz parte de uma ampla economia paralela de âmbito local, nacional, regional e internacional, permitindo que o conflito se prolongue e que se transforme mesmo em incentivo ao próprio conflito. A América Latina constitui um importante ponto de passagem (mais do que de consumo) deste mercado, com todas as consequências que isso acarreta. Para além dos homicídios directamente associados ao tráfico de drogas, o comércio de droga gera elevados índices de violência quotidiana decorrentes da obstrução da aplicação da lei, disponibilidade de armas e criação de uma cultura que favorece resoluções violentas de conflitos, com vista à satisfação de interesses económicos (Winton, 2004).

Perante a inflação de expectativas dos jovens e a falta de alternativas, o tráfico de drogas e o roubo convertem-se em meios favoritos, tendo como ferramentas as armas da violência. O tráfico de drogas como elemento de fomento das novíssimas guerras tem, pois, um estatuto ambivalente. Por um lado, assume-se como resposta local ao défice de cumprimento de expectativas sociais e como suporte de estruturas fortemente hierarquizadas de poder. É, portanto, um elemento gerador – pelos seus actores e pelas suas condutas – da violência a uma escala mais micro, ou de novíssimas guerras. Por outro lado, a sua centralidade nas novíssimas guerras une Caracas a Chicago, Rio de Janeiro a Estrasburgo ou Lisboa à Cidade do Cabo. O local e o global cruzam-se claramente aqui.

Um estudo de Dowdney (2005) analisa este tipo de conflitualidade – que o autor considera ser uma situação de *nem guerra, nem paz* – em dez centros urbanos de países de quatro continentes. Nove dos dez países deste estudo estão envolvidos com o tráfico de droga e todos estão na rota para o contrabando internacional de armas: Colômbia, El Salvador, Equador, Honduras, Jamaica, Nigéria, Irlanda do Norte, Filipinas, África do Sul e Estados Unidos. Trata-se, portanto, de um *localismo globalizado* (Santos, 1997), de manifestações de violência armada, de alta intensidade, em microterritórios urbanos, que emergem e se expandem a nível global.

À semelhança do que já tinha sido diagnosticado para os conflitos dos anos 1990, mantém-se e agudiza-se, portanto, a tendência de esbatimento das fronteiras entre os diferentes tipos de violência e, portanto, entre os actores envolvidos na sua perpetração (Moser e McIlwaine, 2004). De facto, a normalização da violência em contextos urbanos e a emergência de vazios de poder estatal têm como principal consequência o envolvimento de um número crescente de redes de instituições, grupos e indivíduos na perpetração da violência quotidiana (Winton, 2004) e na luta pela ocupação desses vazios de poder.

Como refere Tavares dos Santos (2002), o aumento dos processos estruturais de exclusão social e a cultura de *impunidade* conduzem à disseminação de práticas de violência como norma social particular, em especial em determinados grupos sociais, enquanto estratégia de resolução de conflitos, ou meio de aquisição de bens materiais e de obtenção de prestígio social. A crescente fragmentação social e polarização resultantes destes cenários são compensadas, em alguns casos, com o desenvolvimento de formas de identidade social alternativas e a busca de poder económico e simbólico (Winton, 2004). Neste contexto, emergem *gangs*, facções armadas ou milícias, actores privilegiados destas novíssimas guerras, intimamente relacionados com o tráfico de drogas e o tráfico de armas.

De facto, o equilíbrio entre as motivações económicas e sociais de membros de grupos armados em alguns contextos pende para o lado económico, e os grupos armados estão cada vez mais relacionados com, e muitas vezes transformados em, grupos criminosos organizados (Kinnes, 2000, sobre a África do Sul; Rodgers, 2002, sobre a Nicarágua; Dowdney, 2003, sobre o Brasil; entre outros). Estes actores centrais da nova tipologia de conflitualidade violenta urbana marcam, por um lado, a sua novidade mas, simultaneamente, o seu tipo de desempenho tem sido associado a uma alegada despolitização destes conflitos.

Como atrás se referiu, é de poder paralelo e não de poder concorrencial que se trata no relacionamento com os mecanismos de coerção social do Estado. Apesar de ser diferente, a actual geração de *gangs* corresponde a uma *forma mutante de insurgência urbana* (Manwaring, 2005), uma vez que a sua natureza é simultaneamente política e criminosa. Geram instabilidade e insegurança interna e regional, resultado da violência interpessoal através da qual actuam, das tácticas de ocupação e controlo da violência insurgente e dos contributos para a fragilização estatal. As suas actividades e os constantes desafios à segurança exacerbam os problemas nas relações civil-militar, entre a polícia e o exército, e reduzem a capacidade de controlo estatal sobre o território nacional, contribuindo para o desgaste da legitimidade do Estado (Manwaring, 2005).

As comunidades dominadas pelas facções armadas do tráfico de drogas sofrem os impactos negativos desta presença, desde a constante ameaça de violência para manter as *leis* da facção através de severas restrições à liberdade pessoal (particularmente quando eclodem confrontos entre grupos rivais ou entre grupos e a polícia) até à repressão policial. Ou seja, as comunidades pobres urbanas estão frequentemente sujeitas a manipulações sobrepostas e contraditórias por parte do Estado, dos grupos do tráfico de drogas e das elites políticas, e são apanhadas entre múltiplos sistemas de poder (Winton, 2004: 171-172).

Como salienta Rodgers (2002), na sua análise sobre a emergência deste tipo de violência em Manágua, hoje em dia os *gangs* actuam como um grupo que tenta proteger a economia que cria e, para tal, utilizam meios brutais, evitando a ocupação territorial do seu *barrio*. A guerra entre *gangs* ou facções armadas e entre estas facções e a polícia está, como referi, intimamente ligada à emergência do tráfico de drogas, em particular a economias de guerra transnacionais que têm como ponto de venda ou de passagem as cidades de uma determinada região (como a América Latina). São frequentemente os mais jovens dos jovens que correm mais riscos, como se comprova pelo estudo de Luke Dowdney (2003) sobre crianças do tráfico de drogas, que estabelece um paralelo entre jovens envolvidos no comércio de drogas no Rio de Janeiro e crianças-soldados. Mas dada a alegada despolitização destas novíssimas guerras, os primeiros são menos visíveis e dificilmente categorizáveis, apesar de enfrentarem taxas de mortalidade muitas vezes superiores a situações de conflito armado declarado. Entre 1987 e 2001 morreram 467 jovens em consequência do conflito entre Israel e a Palestina; no estado do Rio de Janeiro, no mesmo período, morreram 3937 jovens em consequência de ferimentos com armas de fogo.

As facções armadas impõem os seus próprios sistemas de justiça e normas sociais nas comunidades pobres das grandes cidades, em grande medida em resposta e aproveitando a erosão de instituições estatais. Esta presença militarizada e contínua nas comunidades é legitimada através de uma relação complexa, de certa forma de reciprocidade. A facção leva a cabo as suas actividades e, em troca, a comunidade vê, de um modo geral, garantidas as suas necessidades de segurança e muitas vezes de serviços básicos que não são garantidos pelo Estado (Winton, 2004).

As facções tornam-se, deste modo, uma força sociopolítica reconhecida ao nível local, resultante da ineficácia do Estado. Mais do que um *sistema de poder paralelo* que tem como objectivo destruir o poder institucional do Estado, as facções do tráfico de drogas são uma presença concorrencial, explorando a fraqueza estatal (Dowdney, 2003). Ou seja, não são insurgentes que actuam contra o Estado mas, sim, em lugar do Estado (Rodgers, 2003).

Para além de *gangs* ou de facções armadas do tráfico de drogas (que apesar de actuarem a um nível local se articulam globalmente) e de agentes estatais, emergem outros actores nestes cenários de novíssimas guerras. Perante o aumento da violência, a ausência de protecção por parte do Estado e a impossibilidade de garantir um mecanismo de segurança privado, muitos habitantes de áreas urbanas marginalizadas consideram que não têm outra alternativa senão recorrer à justiça informal, através de grupos de vigilantes.

Ou seja, o fracasso estatal aliado a todos os factores que originam a violência urbana conduz à emergência de instituições informais não estatais associadas a comunidades locais, que muitas vezes exercem violência sobre membros da comunidade considerados uma ameaça. São grupos que se alimentam e, ao mesmo tempo, alimentam o medo dentro da comunidade (Winton, 2004). Muitas vezes estas formas de vigilância reactiva podem levar a formas de limpeza social – grupos de extermínio – legitimadas pela luta contra o crime e podem ser levadas a cabo pela população civil ou por forças policiais.

No entanto, grande parte da violência urbana atribui-se a dimensões culturais de *construções da masculinidade*, que se tornam mais vincadas em jovens que se encontram numa fase de definição da sua identidade (Briceño-León, 2002). O ócio, a quebra das expectativas e a cultura de uma masculinidade dominante contribuíram para que, em finais do século XX, a violência tenha sido a primeira causa de morte na América Latina entre pessoas com idades compreendidas entre os 15 e os 44 anos (Briceño-León, 2002). O Quadro 2 dá-nos conta deste cenário.

QUADRO 2: Taxas de Homicídio por 100 000 habitantes,
jovens do sexo masculino, 20-24 anos

| País | 1980 | 1990 | 1995 | ***<br>(15 a 24) |
|---|---|---|---|---|
| Argentina | 11,1 | 19,0 | 12,6<br>(1996) | 22,1 (2001) |
| Brasil | 43,6 | 95,3 | 94,4 | 94,3 (2000) |
| Canadá | 3,1 | 4,0 | 4,2 | 3,2 (2001) |
| Chile | 6,1 | 15,1 | 6,9<br>(1994) | 17 (2001) |
| Colômbia | 105,8 | 255,9 | 249,4 | 199,6 (1999) |
| Costa Rica | 10,3<br>(1981) | 10,1 | 15,4 | 10,5 (2002) |
| Equador | 25,3 | 37,7 | 47,9<br>(1996) | 44,6 (2000) |
| El Salvador | | 244,5<br>(1991) | | 113,1 (1999) |
| México | 58,1 | 48,8 | 51,6 | 21,4 (2001) |
| Panamá | 4,4 | 45,8<br>(1989) | 44,2<br>(1997) | 36,8 (2000) |
| Estados Unidos | 32,3 | 37,4 | 33,9<br>(1997) | 20,9 (2000) |
| Uruguai | 3,6 | 7,9 | | 11,9 (2000) |
| Venezuela | 61,3 | 62,2 | 85,4<br>(1994) | 106,5 (2000) |

*Fonte:* Yunes e Zubarew, 1999 *apud* Neto, 2002

*** Jovens do sexo masculino com 15-24 anos

*Fonte*: Dados da Organização Mundial de Saúde, disponíveis em <http://www.who.int/whosis/
database/mort/table1_process.cfm> (acedido em Março de 2009).

Estas dimensões da masculinidade não se podem dissociar da utilização de *armas de fogo* enquanto sinónimo de estatuto e de poder simbólico. A disponibilidade de armas de fogo, mais do que uma causa da violência, promove o uso da violência e certamente a sua letalidade. Por isso, em conjunto com o *consumo excessivo de álcool*, é considerada, por Briceño-León, um *factor facilitador* da nova violência urbana. Na minha opinião, mais do que um factor facilitador das novíssimas guerras, a disponibilidade de armas de fogo constitui uma das suas características principias (a cultura da masculinidade e o consumo de álcool não são recentes, ao contrário das armas de fogo automáticas e semi-automáticas que se disseminam de forma alarmante anualmente).

Os vários factores que originam estas novíssimas guerras determinam, consequentemente, as suas características. Este novíssimo tipo de conflitualidade, à semelhança das *novas guerras* da década de 1990, tem um carácter multifacetado, articula diversas formas de violência e está em constante mutação. O Quadro 3 constitui uma proposta de sistematização e síntese dos principais actores, condutas e objectivos das novas e novíssimas guerras, seguindo o esquema utilizado por Kaldor (2001) para caracterizar as guerras tradicionais ou vestefalianas. Tendo em consideração as características dos novos e novíssimos tipos de conflitualidade, incluí uma nova categoria, sobre os espaços da violência, que constitui uma das características de distanciamento entre estas guerras e as de períodos anteriores.

## 2. Paisagens urbanas das armas de fogo: disseminação territorial das violências

As novíssimas guerras resultam, de um modo geral, da agudização das violências estruturais sentidas ao longo das últimas décadas, são legitimadas pela cultura, têm novas características e propagam-se por novos espaços.

Uma das principias características destas guerras, e que determina o seu elevado grau de letalidade, é, sem dúvida, a posse e uso indevido de armas de fogo. De facto, se as velhas guerras fizeram parte e resultaram da construção da modernidade, e as novas guerras foram consideradas por alguns como um regresso à pré-modernidade, podemos afirmar que a actual corrida às armas é pós-moderna. Nos séculos XIX e XX as corridas ao armamento eram estatais: quanto maior o arsenal destrutivo, maior o poder militar e, portanto, político. Actualmente, a corrida passou a ser individual e, na sua maioria, civil (Small Arms Survey, 2007).

As preocupações com o problema das armas ligeiras e de pequeno calibre começou a ocupar espaço na agenda internacional na década de 1990. No entanto, durante vários anos, os debates sobre o tema foram acompanhados por um sentimento de frustração decorrente da falta de conhecimento e análises sobre o número de armas em circulação no mundo e quais os impactos desta proliferação.

QUADRO 3: Actores, condutas e objectivos das novas e novíssimas guerras

| A partir dos anos 80 | Novas Guerras | Novíssimas Guerras |
| --- | --- | --- |
| Sistema político | · Globalização neoliberal<br>· Erosão do Estado-nação (Estados falhados e colapsados) | · Globalização de expectativas sem capacidade local para as cumprir<br>· Hiperconcentração urbana |
| Objectivos de guerra | · Conflitos políticos<br>· Políticas de identidade<br>· Guerras por recursos | · Radicalização do pluralismo jurídico e institucional<br>· Inserção em economias paralelas transnacionais<br>· Afirmação de alternativas de identidade |
| Tipo de exército | · Mercenários/profissionais<br>· Milícias/paramilitares<br>(Ligações transnacionais) | · Gangs/facções armadas (com ligações transnacionais)<br>· Actores estatais (polícia/exército) |
| Técnica militar | · Utilização de novas tecnologias (Internet, telemóveis...)<br>· Técnicas de guerra revolucionária/contra-insurgência | · Uso disseminado de armas ligeiras/de fogo<br>· Controlo de micro-territórios urbanos<br>· Coacção e cultura de violência |
| Economia de guerra | · Economia de guerra globalizada<br>· Economia política global subterrânea | · Aglomerados de economias de guerra informais<br>· Tráfico de drogas; Tráfico de armas; Tráfico de seres humanos |
| Espaços da guerra | · Guerras intra-estatais<br>· Guerras em rede globalizadas | · Espaços urbanos e periferias |

No início do século XXI as investigações levadas a cabo por alguns centros internacionais de pesquisa sobre armas de fogo e a produção nacional de relatórios sobre a comercialização, usos e impactos das armas ligeiras permitiu ter uma ideia mais precisa sobre a dimensão do problema. Sabe-se hoje que a proliferação de armas de fogo no mundo atingiu índices alarmantes, em concreto a posse civil destas armas. Segundo dados do Small Arms Survey,[9] fabricam-se anualmente cerca de 8 milhões de novas armas de fogo (Batchelor, 2002; Bevan, 2006). Existem pelo menos 875 milhões de armas no mundo (incluindo as que se encontram em posse civil e em poder de forças policiais e de segurança). Destas, cerca de 650 milhões estão em mãos de civis (o que corresponde a 75% do total). Dos 650 milhões de armas em posse civil, cerca de 270 milhões estão em mãos de cidadãos norte-americanos (com cerca de 90 armas para cada 100 pessoas). Ou seja, existe uma arma para cada sete pessoas no mundo (se não incluirmos os EUA, esta proporção baixa para uma arma por cada dez pessoas no mundo).

A população civil adquire aproximadamente 7 a 8 milhões de novas armas de fogo por ano (Batchelor, 2002: 9, 54). Para além disso, a transferência de armas ligeiras das forças armadas para a população civil tornou-se prática comum (uma vez que são roubadas ou mesmo vendidas). Mesmo reformados, alguns militares mantêm as suas armas, como na Suíça. Outros países vendem o excedente de armas militares a civis, como nos EUA (através do *Civilian Marksmanship Programme*).

As consequências da posse civil de armas ligeiras e de pequeno calibre não são difíceis de perceber. Em 2003, estima-se que as baixas em combate tenham sido entre 80 mil e 108 mil, das quais 60-90% se atribuíram a armas ligeiras (Wille e Krause, 2005: 230, 257). Apesar de não haver dados precisos, alguns estudos defendem que os homicídios, suicídios e acidentes com armas de fogo em contextos que não estão em guerra ultrapassam os 200 000 por ano (Cukier e Sidel, 2005; Florquin e Wille, 2004).

---

[9] O Small Arms Survey é um projecto independente de investigação do Instituto de Pós-graduação em Estudos Internacionais, em Genebra (Suíça). É a principal fonte internacional de informações sobre armas ligeiras e violência armada, em todos os seus aspectos. O projecto conta com uma equipa internacional composta por especialistas em segurança, ciência política, políticas públicas internacionais, direito, economia, estudos sobre desenvolvimento, resolução de conflitos e sociologia.

Duas das preocupações mais prementes sobre a posse civil de armas de fogo diz respeito, por um lado, à *passagem para tecnologias mais letais* e, por outro, à *urbanização* destas armas. Até muito recentemente, as armas ligeiras e de pequeno calibre em posse do Estado e das forças de segurança eram em maior número e tecnologicamente mais avançadas. No entanto, esta tendência tem vindo a sofrer alterações e actualmente as armas de fogo em posse civil são, em algumas partes do mundo, mais potentes (e portanto mais letais) do que as armas em posse do Estado.

Ainda segundo dados do Small Arms Survey, a posse civil de armas ligeiras foi, até muito recentemente, associada ao espaço rural. Ao longo do século XIX e início do século XX, as armas de fogo que predominavam em mãos civis eram longas (espingardas e caçadeiras), para caça ou auto-defesa. No entanto, o desenvolvimento económico e a mudança nos padrões de vida da sociedade levaram a um declínio da prática da caça. Só na Europa, o número de licenças de caça diminuiu de 10 milhões, nos anos 1980, para 6 milhões, em 2003.

O declínio das armas de caça e os avanços tecnológicos, em especial a fabricação de armas de pequeno calibre, facilmente manuseáveis, em finais do século XIX, deu origem a uma *urbanização* das armas de fogo. De facto, as armas de cano longo são menos propícias a ambientes urbanos, pela dificuldade de transporte e pela sua visibilidade. Isto levou a que, actualmente, as cidades tenham taxas de posse civil de armas muito mais elevadas do que os espaços rurais.

Os estudos iniciais e as publicações dos principais centros de investigação sobre a questão da proliferação e impactos das armas de fogo no mundo centraram-se no papel desempenhado por armas ligeiras em tempos de conflito armado declarado, por um lado, e no crime, por outro. Ou seja, a violência resultante do uso de armas ligeiras foi em grande medida analisada como incidente esporádico, isolado, criando fronteiras entre a violência armada que ocorre em contextos de conflito armado daquela que afecta sociedades que vivem formalmente em paz (Cukier e Sidel, 2005). Este tipo de análise teve consequências: o primeiro cenário foi e tem sido designado como guerra e o segundo como crime. E esta incapacidade em entender os *continuuns* que unem ou aproximam estas violências justifica o facto de estes dois contextos serem estudados por áreas disciplinares distintas: as violências (armadas) em cenários de paz são estudadas pela sociologia urbana e pela criminologia, e as violências que ocorrem em contextos de guerra declarada são estudadas pelas Relações Internacionais. Estas duas perspectivas devem ser combinadas, de forma a analisar cenários híbridos, que desafiam as categorias de guerra e de paz.

Recentemente tem sido dada uma atenção crescente às características específicas da violência armada e insegurança urbanas. Por um lado, pelas mudanças dos padrões mundiais de posse e espaços de uso das armas de fogo. Por outro, pelas novas características sociodemográficas das sociedades.

Pela primeira vez na história da humanidade, os espaços urbanos albergam a maioria da população mundial. Em 1950 existiam 86 cidades com população superior a um milhão; hoje em dia existem 400 cidades com população superior a esse número. Hoje em dia, fala-se de megacidades com mais de 8 ou 10 milhões de habitantes, ou mesmo de hipercidades ou megacidades com mais de 20 milhões de habitantes, quase todas situadas nos países em desenvolvimento. Em 2005, estas megacidades (20, no total) constituíam 9% da população urbana do mundo (UNDESA, 2005).

No entanto, mais de mil milhões destas pessoas vivem em comunidades pobres, e o número não pára de aumentar (UN-HABITAT, 2003). Estima-se que em 2015 existirão pelo menos 550 cidades com população superior a um milhão, de acordo com estimativas da ONU (Davis, 2006). A maioria deste crescimento populacional concentra-se e concentrar-se-á, no entanto, em áreas urbanas do mundo em desenvolvimento.

Há, contudo, diferenças claras relativamente ao passado. Com a criação do Estado moderno, as cidades eram consideradas zonas de segurança, fáceis de policiar e vigiar, com uma forte infra-estrutura. À medida que a Europa se urbanizou, as taxas de crime violento (medidas através das taxas de homicídio) diminuíram. No final do século XVII, a Inglaterra tinha uma taxa de homicídios de 4,3 por 100 mil habitantes e no século XX era de 0,8 por 100 mil. Na Europa continental, estas taxas caíram de 5,5-9,2 por 100 mil habitantes para 1,7-2,0, no mesmo período (Eisner, 2001; Gurr, 1981). Este declínio foi sistematicamente associado à urbanização e à Revolução Industrial, bem como à expansão do controlo estatal e da garantia da segurança e ordem públicas.

Actualmente, assistimos à inversão da tendência das cidades enquanto locais seguros. O tamanho e desenho ecológico da cidade e as rápidas taxas de crescimento parecem influenciar os níveis de violência, especificamente da violência armada, uma vez que colocam sérios desafios em termos de governação e garantia da segurança, especialmente nas megacidades actuais. Peter Gizewski e Thomas Homer-Dixon (1995) defendem, contudo, que o crescimento urbano rápido, em interacção com outros factores acima referidos, constitui uma das principias causas destes novos tipos de violências, directa e estrutural. Este crescimento urbano tem sido acompanhado, em particular nas grandes cidades da América Latina, por uma distribuição geográfica que fomenta a segregação e a exclusão social. As áreas mais pobres não foram planificadas e não estão integradas nas cidades. Como salienta Rodgers (2004: 113), a questão da organização espacial urbana tem sido uma questão central para a análise da "nova segregação urbana", ou do desenvolvimento de uma nova forma de organização espacial segregada nas cidades, intimamente ligada a uma lógica de exclusão social e de privatização da segurança, que se manifesta através de "enclaves fortificados",[10] como reacção ao aumento do medo e da insegurança.

De facto, actualmente, o crescimento descontrolado de algumas cidades, em especial em países em desenvolvimento, contrasta com a urbanização da maioria dos países da Europa e da América do Norte, onde o processo foi acompanhado pela industrialização (que garantiu infra-estruturas físicas e sociais mínimas) (Small Arms Survey, 2007). A urbanização contemporânea dos países em desenvolvimento caracteriza-se por uma correlação inversa entre tamanho da cidade e crescimento económico e de infra-estruturas. Ou seja, o crescimento das megacidades contemporâneas corresponde, inevitavelmente, à criação e expansão descontrolada de comunidades pobres, periféricas (megafavelas modernas), por vezes com mais de um milhão de habitantes. Estes espaços desafiam modelos municipais de governação e definições convencionais de urbanismo.

Ainda assim, as cidades continuam a crescer. A população pobre migra do espaço rural em busca de emprego, a cidade expande-se e vai engolindo as áreas rurais. Davis (2006: 9) afirma que no mundo em desenvolvimento "a população rural já não tem que migrar para a cidade: a cidade migra até ela".

As favelas são frequentemente associadas à violência, em especial à violência armada. No entanto, estima-se que menos de 1% da população de comunidades periféricas recorra à violência armada. Aliás, não se sabe ainda se a violência armada representa uma preocupação maior em áreas de periferia ou em regiões mais desenvolvidas, altamente policiadas, segundo o Small Arms Survey (2007).

---

[10] Ou "espaços de residência, de consumo, de lazer e de trabalho privados, fechados e monitorados, desenhados para isolar os seus ocupantes do crime e minimizar a sua insegurança" (Rodgers, 2004: 113).

Apesar do fosso económico e social existente nos grandes centros urbanos contemporâneos, existe uma clara interdependência entre os dois mundos. Por exemplo, a cidade do Rio de Janeiro depende da força de trabalho (informal) dos residentes de favelas, apesar de estes laços não serem necessariamente positivos ou simbióticos. Esta interdependência urbana, local, reflecte-se globalmente. Hoje em dia, os grandes centros urbanos estão mais interdependentes do que nunca e interagem económica, política, social e ecologicamente (Brenner e Keil, 2006). No entanto, esta proximidade dá-se mais pela semelhança com outras cidades do que com cidades do mesmo país (Sassen, 1994, *apud* Small Arms Survey, 2007). Tóquio, Londres e Nova Iorque, pólos próximos que aproximam três continentes, dificilmente têm conexões com Lagos, Cidade do México ou Rio de Janeiro. Mas existem megacidades que apresentam algumas características destes três pólos financeiros e outras características mais próximas dos últimos dois centros urbanos, povoadas de *no-go areas* (Koonings e Kruijt, 2006: 12).

Como já referi anteriormente, à margem das novas guerras emergiram aglomerados de zonas de paz violenta, ou zonas de indefinição, onde a presença e as manifestações constantes de violência se têm vindo a tornar realidades endémicas. Estas manifestações de violência são frequentemente associadas a países que experimentaram recentemente uma transformação política, ou que actualmente vivem uma fase de transição (Winton, 2004: 6). A América Latina constitui um dos exemplos mais expressivos de uma zona de paz violenta ou de indefinição, ou de um aglomerado de economias de guerra. Na região, marcada historicamente pela violência – guerras civis, ditaduras repressivas, revoluções – os processos de desmilitarização e de democratização dos últimos anos não significaram uma ruptura com o passado, ou a passagem para um período de paz e estabilidade, e a população dos países da região enfrenta actualmente uma violência muito mais multifacetada do que a anterior violência política polarizada, característica dos anos 1980 (Rodgers, 2002).

Essa democratização da violência tem rostos paradoxais. Veja-se, por exemplo, o caso de El Salvador, que entre 1990 e 1995, após a assinatura dos acordos de paz, testemunhou um aumento da taxa de homicídios de 79 para 139 homicídios por cada 100 mil habitantes (Briceño-León, 2002: 13).

Como defende Briceño-León (2002: 13), começaram a registar-se mais mortes na calma da paz que nas tormentas da guerra. O Quadro 4 dá-nos conta desta justaposição paradoxal de um período de guerra menos violento e um período de paz mais letal, mais nítido na região da América Latina.

## QUADRO 4: Taxas de Homicídio por 100 000 habitantes

| País | 1980 | 1990 | 1995 | 2002 (Mortes intencionais: violência) |
|---|---|---|---|---|
| Argentina | 3,5 | 5,7 | 4,8 (1996) | 8,8 |
| Brasil | 11,5 | 21,6 | 23,3 | 32,6 |
| Canadá | 2,0 | 2,0 | 1,7 | 1,5 |
| Chile | 2,6 | 3,1 | 2,9 (1994) | 5,5 |
| Colômbia | 37,2 (1981) | 68,7 | 60,8 | 73,1 |
| Costa Rica | 5,7 | 4,5 | 5,0 | 6,8 |
| Equador | 6,4 | 10,4 | 14,0 (1996) | 24,8 |
| El Salvador | | 43,5 (1991) | | 42,4 |
| México | 19,9 | 17,2 | 17,1 | 11,1 |
| Panamá | 2,1 | 15,4 (1989) | 11,0 (1997) | 9,7 |
| Perú | 2,4 | 11,5 | | 4,0 |
| Estados Unidos | 10,7 | 10,0 | 7,3 (1997) | 5,7 |
| Uruguai | 2,6 | 4,4 | | 5,7 |
| Venezuela | 11,7 | 13,3 | 16,8 (1994) | 34,9 |

*Fontes:* Dados de 1980, 1990 e 1995 . Yunes e Zubarew, 1999, *apud* Neto (2002); dados de 2002: Organização Mundial de Saúde (2004).

Apesar das semelhanças em termos de objectivos, relativamente ao que Kaldor apelidou de "novas guerras" (controlo do território e de recursos estratégicos), a escala destas manifestações de violência é diferente. Não se trata já de conflitos territoriais ou por recursos que opõem grupos beligerantes que disputam ao Estado o monopólio do uso da força, mas, sim, de concentrações de grande intensidade de violência em territórios muito limitados, ou micro-territórios (bairros, comunidades urbanas, zonas suburbanas), dentro de um contexto nacional de paz aparente, institucionalizada e formal.

São conflitos que têm uma vocação de poder, é certo, mas de um poder paralelo, que não pretende substituir-se ao poder estatal, pretendendo antes alicerçar-se como controlo do poder social existente em comunidades deli-mitadas. Sendo conflitos vividos nos limites de um bairro, as novíssimas guer-ras são hiperlocais. Mas a sua disseminação e a articulação densa e concreta de muitas das suas dimensões tornam-nas num fenómeno global.

De facto, nesta reconfiguração das manifestações e tipologias da violência, os espaços urbanos e as suas periferias são os territórios eleitos das novíssi-mas guerras. Como afirma Eduardo Galeano, relativamente à Nicarágua, o mais espantoso é a comparação entre o passado e o presente. Enquanto a paz reinava nas ruas das cidades do país durante os anos da guerra, desde que a paz foi declarada as ruas tornaram-se cenários de guerra, campos de batalha (Galeano, 1998). De facto, e como salienta Esser (2004), a governação urbana torna-se cada vez mais difícil, particularmente em regiões que emergiram recentemente de guerras de larga escala ou em zonas que sofrem de inciden-tes regulares de violência de larga escala, que proliferam por todo o mundo.

Esta crise de governabilidade, que resulta e tem como consequência o aumento de nova violência urbana, mais letal e disseminada, e que conta com novos métodos e actores, tem conduzido à emergência de novos rótulos como os de "cidade falhada", "novas selvas urbanas", "urbanização da guerra" (Esser, 2004) ou "urbicídio" (Shaw, 2000). O Quadro 5 dá-nos conta da *urbanização* destas novíssimas guerras na América Latina.

A origem e a expansão da violência e do crime urbanos – que tendem a localizar-se nas zonas mais degradadas das grandes cidades – foram associa-das, pela sociologia urbana, a processos de marginalização e exclusão social e a fenómenos de segregação espacial urbana. No entanto, é importante reconhecer que, para além do aumento dos excluídos urbanos e do seu afas-tamento dos padrões de vida dos incluídos, existe uma nítida separação entre dois mundos sociais, apesar da sua proximidade física. A linha que os separa determina os que têm e os que não têm. Como defende Alba Zaluar (1994), de um lado temos o asfalto, as classes prósperas e a democracia; e do outro temos o morro e os pobres condenados à eterna falta de direitos cívicos, polí-ticos e sociais.

QUADRO 5: Taxas de Homicídio por 100 000 habitantes
em cidades da América Latina

| País | Cidade | Ano | Taxa de homicídio | 2005** |
|---|---|---|---|---|
| Argentina | Buenos Aires | 1998 | 6,4 | 6,4 |
| Brasil | São Paulo | 1998 | 55,8 | |
| | Rio de Janeiro | 1998 | 52,8 | 39,5 (cidade) 42,4 (estado) |
| Chile | Santiago | 1995 | 8,0 | 1,1 |
| Colômbia | Medellín | 1995 | 248,0 | 55,5 |
| | Cali | 1995 | 112,0 | 77,2 |
| | Bogotá | 1997 | 49,2 | 23,2 |
| El Salvador | San Salvador | 1995 | 95,4 | |
| Guatemala | Cidade da Guatemala | 1996 | 101,5 | |
| México | Cidade do México | 1995 | 19,6 | |
| Peru | Lima | 1995 | 25,0 | |
| Venezuela | Caracas | 1995 | 76,0 | 87 |

*Fonte:* Piquet, 1999; Buvinic e Morrison, 1999, *apud* Neto, 2002

** *Fonte:* Estatísticas trabalhadas pelo Centro de Estudos de Segurança e Cidadania, CESeC, RJ (taxa de homicídios registados pela polícia).

De facto, as megacidades representam "a face metropolitana da exclusão social" (Dupas, 1999: 48), por serem depositárias de muitos segmentos excluídos da população. Briceño-León e Zubillaga (2002) salientam, por exemplo, que a taxa de homicídios é substancialmente superior nos bairros pobres e periféricos do Rio de Janeiro quando comparada com as taxas registadas nas áreas habitadas pela classe média – 177,59 e 38 por 100 mil habitantes, respectivamente.

Ou seja, a "democratização da violência" é imperfeita, e alguns sectores e espaços da sociedade e da cidade são mais vulneráveis à violência do que outros. Assistimos, portanto, desde há uns anos, a uma reconfiguração dos próprios conflitos urbanos. As revoltas pontuais de cidadania, com objectivos limitados, testemunhadas pelas grandes cidades dos países ricos (Young, 1999), transformam-se em guerras civis, permanente e militarmente organizadas, em espaços urbanos com maiores desigualdades sociais. E o alcance regional e até potencialmente global – e articulado – do fenómeno mais legitima a sua percepção como guerra e não como gangsterismo pontual.

Nas palavras de Koonings e Kruijt, a violência deixou de ser

> o recurso dos tradicionalmente poderosos ou dos guardiães de uniforme da nação... [e] surge como uma opção para múltiplos actores que perseguem vários tipos de objectivos (1999: 11).

### 3. O sexo das violências: *continuuns*, espirais e identidades

Os conceitos e práticas de guerra (e de paz) podem mudar e adaptar-se a novas realidades. Mudam os cenários de guerra, mudam os seus actores, mudam os meios utilizados para alcançar objectivos. No entanto, o carácter *sexuado* das guerras parece ser uma permanência: todas as guerras ou conflitos armados assentam sobre a construção de identidades e sobre estruturas e mecanismos de poder e dominação que constituem o núcleo de um sistema patriarcal, a que algumas feministas chamam *sistema de guerra* (Reardon, 1985). Este sistema necessita, para se perpetuar, da construção de um determinado tipo de masculinidade (hegemónica, dominante, violenta). Por sua vez, esta masculinidade necessita sempre de masculinidade(s) e feminilidade(s) silenciadas, invisibilizadas e, portanto, marginalizadas que lhe sirvam de antítese, negação e contraponto. Neste sentido, podemos afirmar que as manifestações deste sistema não são exclusivas de contextos que vivem um conflito armado declarado ou reconhecido como tal e podem ser encontradas em contextos de indefinição, que vivem uma aparente situação de paz formal.

As análises feministas das relações internacionais têm denunciado o lugar central ocupado pela construção social deste *sistema de guerra*, que tem na sua base conceitos e práticas excludentes e que está presente em todas as esferas da sociedade. A violência intrafamiliar e a violência sexual, que têm como um dos instrumentos de ameaça a arma de fogo, e que ocorrem na chamada esfera privada, em tempo de guerra e em tempo de paz, fazem parte de uma cultura que normaliza, naturaliza e privatiza a violência contra as mulheres. Correspondem a violências sexualizadas que, apesar de terem expressão micro, são globais. Ou seja, são também reflexo de tentativas de construção de um determinado tipo de masculinidade dominante, a mesma que subjaz ao sistema de guerra, a mesma que tem moldado e resultado da reconfiguração da conflitualidade local-internacional.

A emergência de novos e novíssimos tipos de guerra é possível porque o sistema que lhe está subjacente (e a versão de masculinidade que lhe está associada) tem uma enorme capacidade de transformação e adaptação às tendências emergentes no panorama internacional. Para o olhar de alguns, as novas e novíssimas guerras são conflitos de baixa intensidade, sem objectivos políticos, *desmasculinizadas* e, portanto, despolitizadas. De facto, o poder de chamar um determinado conflito de *guerra* pertence apenas aos grupos dominantes. No entanto, ao longo do tempo, temos assistido à transformação da tipologia das guerras. E, com ela, assistimos à (re)construção de identidades que as legitimam e perpetuam.

Na base, o eixo comum que subjaz às várias guerras prende-se com a construção e promoção de um tipo de masculinidade, considerada dominante, que é heterossexual, homófoba e misógina, que considera o desempenho profissional (os rendimentos resultantes desta profissão) e a capacidade de aquisição de bens materiais a base do respeito e do estatuto social. Este tipo de masculinidade, para ser dominante, procura manter relações de poder hierárquicas, subalternizando mulheres e alguns homens.

No entanto, mais do que uma expressão do poder, a violência perpetrada em nome desta masculinidade não é tanto resultado de uma identidade, mas, sim, de uma tentativa de restabelecer o poder e, portanto, pertencer a um grupo (valorizado, respeitado). A violência (armada) converte-se, frequentemente, num meio alternativo de afirmação. As crescentes fragmentações e polarização sociais são compensadas, em alguns casos, com o desenvolvimento de formas de identidade social alternativas e a busca de poder económico e simbólico (Winton, 2004).

As análises de Gary Barker (2005) sobre os motivos que levam jovens, em vários centros urbanos do mundo, a ingressar em *gangs* ou grupos armados, a "matar e a morrer para alcançar uma versão socialmente legítima de masculinidade", revelam-nos precisamente isso. Barker defende que os requisitos das versões dominantes da masculinidade em contextos pobres (de desigualdade) em todo o mundo se relacionam com a obtenção de bens, dinheiro, respeito e mulheres. No entanto, os meios que os seus protagonistas estão dispostos a usar (e os que estão disponíveis) marcam a fronteira entre a adopção de uma masculinidade violenta e outros tipos de masculinidades. Perante uma associação entre masculinidade dominante e posse e uso de armas de fogo, alguns jovens, na tentativa de ocupar um lugar em sociedades fortemente hierarquizadas, recorrem à violência armada como forma de obter estatuto social e poder, e demonstrar a sua hegemonia.

Ou seja, a democratização e a inflação de expectativas dos jovens dos grandes centros urbanos correspondem precisamente à tentativa de construção e promoção de um modelo de masculinidade dominante. Em contextos de novíssimas guerras, em que as situações de múltipla exclusão social e económica são exacerbadas, as escolhas disponíveis para jovens de espaços urbanos são limitadas. Neste sentido, as falhas nas instituições sociais tradicionais, em todos os níveis, contribuem amplamente para que alguns jovens optem por ingressar em grupos armados.

No entanto, pouco se tem debatido sobre a construção de feminilidade(s) em contextos de violência armada. Por um lado, sabemos que determinadas versões da masculinidade (dominante) dependem da construção da sua negação ou oposição – feminilidades vulneráveis e passivas. Mas, por outro, assistimos também a uma inflação ou padronização das expectativas de jovens do sexo feminino e mulheres, bem como às suas frustrações, nestes contextos. Neste sentido, torna-se urgente considerar e analisar novíssimas identidades ou feminilidades emergentes, e entender de que forma e através de que práticas se constroem. Ou seja, complexificar a análise simplista que a uma masculinidade dominante contrapõe uma feminilidade vulnerável e entender de que tipo de relações resultam estas construções identitárias: se por oposição, imitação, rejeição, admiração, dependência, autonomia, subsidiariedade...

De facto, os olhares estereotipados sobre as realidades têm sempre resultados perversos. O facto de serem homens – e no caso de violência armada urbana, jovens do sexo masculino – os que mais matam e morrem tem levado a que se fechem os olhos e se negligenciem outros actores envolvidos nesta violência. Ao mesmo tempo, as tentativas de entendimento e de resposta imediata ao número de mortos e feridos nestes contextos de novíssimas guerras têm secundarizado outras formas (não menos importantes) de violência armada e os seus impactos na vida de diversos sectores da sociedade, nomeadamente de mulheres e de jovens do sexo feminino. Estes impactos, muitas vezes silenciados, são comuns a vários contextos locais, tornando-se, assim, globais.

As manifestações dos vários tipos de violências, que constituem fontes de insegurança, apresentam-se em várias escalas, desde a intersubjectiva (interpessoal) à internacional. Devemos, portanto, questionar *quem* ou *o quê* tem sido considerado como o objecto/sujeito de segurança que níveis de análise se favorecem e *quem* ou *o quê* constitui uma *ameaça* à segurança, nas teorias e políticas públicas de segurança, para além das internacionais. Foi precisamente este um dos principais objectivos deste estudo: visibilizar estes *novos* riscos e as suas diferentes escalas.

Finalmente, e apesar de importante, considero que a atenção concedida às práticas e aos actores (e vítimas) mais visíveis da violência armada tem contribuído para a invisibilização das respostas e reacções a estas violências, ou das muitas histórias de sucesso neste campo. Ao defender que as novíssimas guerras são fenómenos locais que se disseminam à escala global, apresentando cenários específicos tanto de guerra como de paz, defendendo também que as propostas de prevenção, redução e transformação da violência concebidas e levadas a cabo a uma microescala poderão representar propostas de paz macro ou globais, ou seja, são exemplos de *novíssimas pazes*.

PARTE II

## MASCULINIDADES E FEMINILIDADES, ENTRE NOVÍSSIMAS GUERRAS E NOVÍSSIMAS PAZES

# INTRODUÇÃO

Um dos efeitos das abordagens tradicionais às Relações Internacionais foi a conceptualização da guerra como um terreno masculino. Neste sentido, os discursos produzidos e que resultaram da análise de conflitos concretos, não tiveram em consideração a participação das mulheres em conflitos armados ou o impacto das guerras nas suas vidas, sobrevalorizando os jogos de poder no sistema internacional, como foi referido anteriormente.

No entanto, as manifestações dos vários tipos de violência (entendendo-se esta como a antítese ou a negação da paz) que constituem fontes de insegurança têm lugar a várias escalas, desde a intersubjectiva à internacional. Ora, a visibilidade destes *novos* riscos e das suas diferentes escalas foi possível, em grande medida, graças às propostas feministas de análise das Relações Internacionais.

Estas propostas emergiram em meados dos anos 80 do século XX, com autoras como Cynthia Enloe, Ann Tickner e Christine Sylvester, que denunciaram o carácter androcêntrico dos conceitos centrais e das abordagens tradicionais à disciplina, e a consequente subalternização e marginalização do sexo feminino.

Recusando as fronteiras rígidas e impermeáveis das escolas de pensamento tradicionais, das quais se destaca o realismo político – que à esfera internacional, pública, da alta política (valorizada) contrapõe a esfera interna, privada, não política –, as análises feministas denunciam o lugar matricial ocupado no funcionamento das sociedades pela construção social de um sistema de guerra que tem na sua base noções militarizadas e (consequentemente) masculinizadas de Estado, guerra, paz, poder, segurança e cidadania, e enfatizam também as respectivas contradições.

Reconhecendo a existência de novos riscos e ameaças, e considerando a perpetuação de um sistema construído através do silenciamento de experiências e da construção estereotipada e antagónica de masculinidades e feminilidades, as propostas feministas das Relações Internacionais tentam ampliar ou redefinir o que é político, do nível micro ao global, da esfera pessoal à internacional, denunciando os impactos que as estruturas macro têm em grupos locais e nos indivíduos e vice-versa.

CAPÍTULO III

# AS DENÚNCIAS FEMINISTAS DOS SILÊNCIOS DAS RELAÇÕES INTERNACIONAIS

## 1. O carácter sexuado da agenda da disciplina

A disciplina de Relações Internacionais surgiu como uma tentativa de entender as causas da guerra e os problemas da anarquia do sistema internacional e como um instrumento que pudesse ajudar a evitar o eclodir de novos conflitos com proporções semelhantes às da I Guerra Mundial.

Neste contexto, e perante o aparente fracasso da escola de pensamento idealista, o realismo emergiu como proposta fundadora, como reacção à suposta derrota das teses idealistas da paz pelo direito, dando origem a um intenso confronto de ideias que consubstanciou o *primeiro debate* em Relações Internacionais, típico dos anos 40 do século XX. Segundo a obra fundadora de Hans Morgenthau (1948), os princípios que constituem as leis permanentes e fundamentais pelas quais se rege o sistema político internacional são seis.

Em primeiro lugar, a crença na objectividade das leis que governam a política e a sociedade em geral, que têm origem na natureza do *homem*. Deste modo é possível propor uma teoria racional que reflicta estas leis objectivas.

Em segundo lugar, a centralidade conferida ao interesse definido em termos de poder como conceito-chave das Relações Internacionais, permitindo-nos distinguir entre factos políticos e não políticos, fazendo da política uma esfera de acção e de entendimento autónoma de outras esferas (como a economia, a ética ou a religião). Simultaneamente, o *homem político* (e o Estado) deve abstrair-se de outros aspectos do comportamento humano nesta procura de poder.

Em terceiro lugar, os interesses variam segundo o tempo e o lugar, exprimindo o contexto político e cultural no qual são formulados. A transformação do mundo resulta, portanto, da manipulação política dos interesses.

O quarto princípio evidencia que o realismo político tem consciência do significado moral da acção política. De facto, tem presente a tensão entre ordem moral e os pré-requisitos para o sucesso da acção política. No entanto, defende que os princípios morais universais não podem ser aplicados às acções dos Estados na sua formulação abstracta universal, sem antes serem filtrados através de circunstâncias do tempo e do lugar. Indivíduo e Estado devem julgar a acção política através de princípios morais universais; no entanto, enquanto o indivíduo tem o direito moral de se sacrificar em defesa desse princípio, o Estado, animado pelo princípio moral da sobrevivência nacional, não tem o direito de deixar que a sua desaprovação moral interfira no sucesso da acção política.

O quinto princípio diz-nos que, do mesmo modo que o realismo político distingue entre verdade e opinião, também distingue entre verdade e idolatria, ou seja, rejeita a identificação das aspirações morais de uma nação particular com as leis morais que regem o universo. É exactamente o conceito de interesse definido em termos de poder que "nos salva" dos excessos morais, uma vez que, se olharmos para as outras nações enquanto entidades políticas que perseguem os seus respectivos interesses (definidos em termos de poder), seremos capazes de julgar as outras nações do mesmo modo que julgamos a nossa, para depois levarmos a cabo políticas que respeitem os interesses dessas nações (protegendo e promovendo os nossos).

O sexto e último princípio sublinha que, não obstante a consciência da relevância de outros padrões de análise, o realismo político tem como critério a autonomia da esfera política. O realista político raciocina em termos de interesse definido como poder, enquanto o economista raciocina em termos de interesse definido como riqueza, o jurista em termos de conformidade da acção com as normas jurídicas e o moralista em termos de conformidade da acção com normas morais.

Ou seja, este primeiro debate passou pela axiomatização, por parte do realismo político, de um conjunto de pressupostos descontextualizados, como a anarquia, a acumulação de poder, a prudência e o distanciamento subjectivo, que vieram criticar e substituir o optimismo idealista e a sua crença na possibilidade de cooperação na política internacional através de acordos e da criação de instituições internacionais (de que foi exemplo a Sociedade das Nações).

Tratou-se, portanto, da imposição da primazia absoluta da política de poder e da permanente virtualidade conflitual, da ocultação da intencionalidade ideológica em nome da cientificidade, espelhada na separação entre valores e factos, da busca de regularidades que confiram sentido e permitam interpretar a vida internacional, seja a natureza humana seja a anarquia endémica do sistema internacional (Pureza, 1999: 368-370).

O *segundo debate*, entre tradicionalismo e cientismo, caracterizou as décadas de 1950 e 1960 e surgiu como uma proposta de reforço da natureza objectiva da ciência das Relações Internacionais, utilizando para tal metodologias quantitativas, modelos económicos, biológicos, físicos, matemáticos, cibernéticos. Esta segunda proposta surgiu como resposta à necessidade de oferecer explicações universais e determinísticas para o comportamento dos Estados no sistema internacional, dotando as Relações Internacionais de *verdadeira* racionalidade científica. Como defende Tickner (2001), esta proposta do pós-II Guerra Mundial surgiu, diante da imprevisibilidade do sistema internacional, como uma tentativa de reforço do controlo e da antecipação dos conflitos.

Este segundo debate ocorreu, contudo, dentro do mesmo cânone positivista das Relações Internacionais, com a crença na unidade da ciência e com a adopção de metodologias das ciências naturais para a explicação do mundo social.

Steve Smith (1996) defende que os confrontos de ideias ou os grandes debates das Relações Internacionais não envolveram questões de epistemologia, antes giraram em torno da descrição do mundo e da melhor forma de o explicar. Ou seja, regeram-se por pressupostos positivistas que, para além de oferecerem um método à teoria internacional, determinaram os conteúdos dos debates centrais da teoria internacional, impuseram uma fronteira entre o que existe e o que não existe. Nos termos deste segundo debate, a dimensão de natureza qualitativa ficou claramente subalternizada relativamente à dimensão quantitativa.

O final da Guerra Fria e a pluralidade de novas preocupações que passaram a ocupar a agenda global conduziram à necessidade de repensar a disciplina e o modo como explicamos e entendemos a política mundial. Esta necessidade começou a manifestar-se nos anos 80, com o chamado *terceiro debate* em Relações Internacionais, entre positivismo e pós-positivismo (Tickner, 2001; Smith, 1996).

Para Steve Smith (1996), impõe-se analisar o modo de actuação do positivismo na teoria internacional, uma vez que não o devemos entender como uma alternativa entre outras mas, sim, como o modelo ou padrão central em relação ao qual todas as outras abordagens são avaliadas. Esta análise torna-se imperativa na medida em que a teoria influencia a prática e, neste caso concreto, as teorias internacionais subjazem e moldam as práticas internacionais, oferecendo não só uma simples explicação ou previsão, mas definindo também as possibilidades existentes para a acção e intervenção humanas, bem como os seus horizontes éticos e práticos. Ou seja,

> [U]ma vez consolidadas enquanto senso comum, as teorias tornam-se extremamente poderosas, uma vez que estabelecem não apenas o que pode ser conhecimento/conhecido mas também o que pode ser falado ou sugerido. [...] A definição do senso comum é, portanto, o último acto do poder político (Smith, 1996: 13).

Neste sentido, pode-se afirmar que os dois primeiros debates das Relações Internacionais não saíram do cânone positivista, assentando em quatro pilares básicos: o naturalismo, ou a crença na unidade da ciência (indiferenciação entre ciências naturais e sociais, com a aplicação das metodologias e epistemologias das primeiras às segundas); o objectivismo, com a total separação entre factos e valores (defesa de um conhecimento do mundo independente da subjectividade de quem o observa); o empirismo epistemológico (ou a validação dos objectos de análise com base nos factos); e o carácter retrospectivo de toda a teoria internacional (orientada para uma busca de regularidades) (Smith, 1996; Pureza, 1999).

Como refere Vicent Martínez Guzmán,

> Em nome do Iluminismo e do conhecimento científico, a teoria internacional tem sido um discurso de aceitação de, e de cumplicidade com a, criação e recriação de praticas internacionais que ameaçaram, disciplinaram e exerceram violência sobre outras e outros (2001: 103).

De facto, o realismo, estabelecido enquanto senso comum e como expressão do positivismo científico, sacralizou, na opinião de Pureza (2001), os padrões da normalidade a observar na disciplina das Relações Internacionais.

Em primeiro lugar, o individualismo estatal: os Estados são entendidos como actores unitários num sistema internacional caótico, têm o poder como principal instrumento de garantia da sua sobrevivência e recorrem a todos os meios para alcançar a sua segurança, estabelecendo-se uma clara divisão entre o interior (nacional) e o exterior (internacional).

Em segundo lugar, a representação de que o sistema internacional não é mais do que um campo de luta pelo poder, no qual a referência principal é o interesse nacional definido em termos de poder.

Em terceiro lugar, a sacralização da apologia do eterno presente, veiculada pelo constante olhar para o passado na busca de regularidades que possibilitem a interpretação da realidade internacional (Pureza, 2001). E é precisamente esta persistência do realismo como cânone teórico da disciplina que justifica que algumas teóricas feministas o apelidem de *ortodoxia* (Jill Steans, 1998), desafiando, numa matriz pós-positivista, os seus pressupostos.

A era pós-positivista, proclamada por Yosef Lapid (1989), vem tentar desafiar o senso comum positivista-realista, sendo dominada por novas abordagens *críticas* à teoria internacional, nas quais se inserem o pós-modernismo, a teoria crítica, a teoria feminista – sobre a qual incidirá a minha análise – e o pós-estruturalismo (Smith, 1996). Não existe portanto *uma* abordagem pós--positivista mas, sim, várias abordagens pós-positivistas. E todas elas têm em comum o desafio às metodologias científico-sociais das Relações Internacionais convencionais (Tickner, 2001).

Esta nova era abriu um espaço até então inexistente para as análises e críticas feministas, na medida em que ela arrancou da crítica ao universalismo e à formulação de teses generalizadoras a partir de vozes e experiências localizadas e particulares e também de uma crítica ao objectivismo, com fundamento na tese de que todo o conhecimento é socialmente construído e contextualizado no espaço, no tempo e culturalmente.

A anterior inexistência deste espaço para as críticas feministas justifica-se pela relativa insularidade da disciplina relativamente aos desenvolvimentos entretanto ocorridos no mundo das ciências sociais e a consequente dificuldade em assimilar novas correntes de pensamento, pela definição convencional do objecto das Relações Internacionais (enquanto questões de alta política) e pela *neutralidade* (em termos de sexo) das agendas e processos políticos internacionais, resultantes elas mesmas de um viés masculino, produto da dominação masculina instalada nas instâncias da política internacional (Halliday, 1994).

Ou seja, esta chegada tardia das análises feministas tem razões ontológicas, uma vez que a ciência tem sido feita por homens a partir da sua experiência, e epistemológicas, pela suposta neutralidade do discurso das Relações Internacionais.

De facto, a agenda convencional das Relações Internacionais tem considerado os assuntos militares e de política externa arenas políticas menos apropriadas para as mulheres. Ann Tickner vem denunciar precisamente esta associação estereotipada e a convicção no maior valor de discursos e experiências de homens na análise de um sistema em que impera a disputa pelo poder, afirmando que

> [...] A força, o poder, a autonomia, a independência e a racionalidade, todas tipicamente associadas aos homens e à masculinidade, são características que achamos fundamentais naqueles a quem confiamos a condução da nossa política externa e a defesa do nosso interesse nacional. As mulheres comprometidas com movimentos pela paz [exemplo do envolvimento das mulheres nas questões internacionais] são frequentemente consideradas ingénuas, fracas ou mesmo antipatrióticas (Tickner, 1992: 3).

A primeira crítica feminista à visão tradicional das Relações Internacionais é precisamente esta, a de que esta visão se *baseia em, e perpetua, dicotomias conceptuais rígidas* – tais como público/privado, objectivo/subjectivo, nós/outros, etc., nas quais o primeiro elemento do binómio está tipicamente associado à masculinidade e o segundo à feminilidade – e depende de estratégias fundadas no poder e na dominação. Esta construção binária e hierárquica, típica da cultura ocidental, berço da disciplina das Relações Internacionais, naturaliza a prevalência de características masculinas sobre as femininas e alimenta o seu próprio conjunto de distinções binárias, na sua busca de uma metodologia científica ou na ênfase que coloca no poder, na autonomia na objectividade e na racionalidade, assumindo relações hierarquizadas entre um mundo exterior "anárquico" (que suscita uma atitude defensiva através da acumulação e do uso racional do poder) e a ordem interna (Tickner, 1992).

Jayne Rodgers (1998) defende que o momento que marca o primeiro desafio feminista às teorias dominantes das Relações Internacionais foi protagonizado por Cynthia Enloe (1983), com uma análise que fez com que passasse a ser impossível ignorar como as mulheres são afectadas pelos mecanismos da política internacional, criando condições para a emergência da investigação feminista como uma área legítima e inovadora da análise em Relações Internacionais.

Vicent Martínez Guzmán (2001) defende que, neste contexto, um dos principais contributos da teoria feminista para as Relações Internacionais diz respeito às questões de identidade, ao sujeito da disciplina, questionando sobre quem são *os/as outros/as* das Relações Internacionais.

Para este entendimento foram cruciais as noções e constatações da não neutralidade sexual, do ponto de vista dos efeitos dos processos políticos internacionais, de que são exemplo as políticas de ajustamento estrutural ou as políticas de desenvolvimento desenhadas para países do Terceiro Mundo, com os seus objectivos de rápida inserção no mercado, que têm como efeito mais visível a formação de uma classe social empobrecida composta maioritariamente por mulheres e crianças.

De um modo geral, as análises feministas vêm questionar as verdades incontestadas das Relações Internacionais, denunciando a natureza androcêntrica do paradigma dominante – o realismo – através dos seus conceitos (como Estado, poder, soberania, segurança), das suas práticas e dos seus impactos na vida das mulheres e de outros grupos que são mantidos na periferia do poder. As feministas criticam as fronteiras rígidas e supostamente impermeáveis das Relações Internacionais convencionais. É precisamente neste sentido que True defende que

> [...] para se compreender a natureza do poder ao nível internacional, feministas e outros representantes da teoria crítica apelam à análise das relações sociais internas e transnacionais que não só suportam as políticas externas dos Estados como elas próprias constituem e reproduzem o Estado como a instituição com o monopólio do uso da força (True, 2001: 255).

As abordagens feministas vêm denunciar o carácter sexuado e criticar o pressuposto da racionalidade do *Estado* realista, em oposição à suposta neutralidade advogada pelo realismo, defendendo que esta orientação sexuada está intimamente relacionada com práticas, teorias e discursos que enfatizam fronteiras entre o dentro e o fora, ordem e anarquia que são ampliações das construções sociais do "eu" e do/a "outro/a" e privilegiam construções hegemónicas de masculinidade (Tickner, 2001).

Como salienta Tickner, por trás da reificação das práticas do Estado – entendido enquanto actor unitário no sistema internacional e orientado na sua acção por leis que podem ser universalizadas no espaço e no tempo – escondem-se instituições sociais construídas e reconstruídas por acções individuais; na realidade, esta definição de Estado como actor unitário resulta das práticas históricas do sistema de Estados do Ocidente: as características do comportamento do Estado em termos de autonomia, busca de poder e autodefesa privilegiam traços associados à construção ocidental da masculinidade (Tickner, 1992).

O pensamento político ocidental funda-se, desde a Grécia, na menorização da esfera privada em favor da esfera pública, e apenas esta última tem sido considerada espaço político, no sentido de ser moldada por actores competitivos e por relações de poder conflituais. E, por isto mesmo, as análises feministas defendem que as abordagens estatocêntricas das Relações Internacionais, assentes nos pressupostos realistas, marginalizam ou invisibilizam relações sociais desiguais, as mesmas que são socialmente construídas e mantidas através de estruturas de poder que excluem as mulheres.

O Estado, enquanto actor unitário que age no sistema internacional, é dotado, de acordo com uma perspectiva realista, de uma racionalidade própria – a de maximizar a satisfação do interesse nacional. Mas a crítica feminista vem alertar para a falsidade da perspectiva neutra desta racionalidade, que não é mais do que um mecanismo de ocultação de racionalidades alternativas. Esta racionalidade do Estado – gémea da maximização do lucro nas sociedades capitalistas – foi construída com base em actividades relacionadas com a esfera pública e o mercado e, por isso, afastadas da esfera privada. Uma vez que os homens têm ocupado a esfera pública, a racionalidade, tal como a conhecemos, está associada a um tipo de raciocínio masculino que não é abstracto e conceptual, é antes pessoal e concreto (Tickner, 1992). Ou seja, a construção das práticas do Estado estabeleceu as fronteiras da identidade política e da cidadania, quem se inclui e quem se exclui da esfera do poder.

Por outro lado, o conceito realista de *poder*, de busca de poder, de poder enquanto dominação, enquanto capacidade militar, está associado a um tipo de masculinidade, uma vez que esta busca e exercício de poder ocorre, em grande medida, na esfera pública. As definições de poder veiculadas por Morgenthau (1948) – o controlo do homem sobre o homem –, por Kenneth Waltz (1979) – o poder consiste em afectar mais os outros do que os outros nos afectam a nós –, ou por Carr (1981 *apud* Cravinho, 1998) – a distribuição de poder entre os Estados determina os processos políticos no plano internacional, moldam até hoje o entendimento das Relações Internacionais.

No entanto, como refere Cravinho, o realismo não implica necessariamente uma determinada conceptualização de poder. É, acima de tudo, caracterizado por uma enorme lacuna neste aspecto, por um "vácuo no centro" ou pela diminuta e superficial análise conferida ao conceito de poder, afinal um conceito supostamente central nas Relações Internacionais (Cravinho, 1998: 23).

A proposta de Cravinho consiste em analisar o poder sob a perspectiva dos resultados e não das capacidades, reflectindo necessariamente sobre a natureza do sistema internacional no qual estes resultados se manifestam. Para tal, é necessário tomar em consideração as capacidades dos Estados e de outros actores – poder relacional – e reflectir sobre as normas que regem a própria sociedade internacional. E, para além das normas, existem regimes de comportamentos ou comportamentos repetidos que, apesar de menos codificados, não são menos significativos, uma vez que influenciam profundamente as opções dos actores:

> São opções imaginadas e classificadas de acordo com uma enorme gama de normas de socialização, frequentemente tão enraizadas que deixaram de ser conscientes (Cravinho, 1998: 35).

As perspectivas feministas vêm precisamente alertar para este enraizamento de padrões de comportamento, que na sua essência são patriarcais, na estrutura de poder que é o sistema internacional, e denunciar quem é beneficiado por esta estrutura, uma vez que, e ainda nas palavras de Cravinho, é impossível e inimaginável uma ordem social "neutra, isenta, incolor, inodora e inocente", e quem influencia os "[...] elementos valorativos que servem de alicerce a qualquer ordem social, tem poder estrutural" (Cravinho, 1998: 35).

Neste contexto, a reconceptualização feminista da noção de poder passa pela substituição da noção de poder enquanto *poder sobre* pela noção de *poder com*, ou seja, poder enquanto capacidade humana de agir em articulação com outros/as que partilhem as mesmas preocupações (Arendt, 1969). Ou seja, reconhecer que a política internacional é mais do que um jogo de soma zero, em que um dos lados ganha e o outro perde. E, nesta proposta, as experiências das mulheres, empurradas para as margens ou para a periferia da vida política e do poder, podem constituir contributos importantes para a política mundial (Sylvester, 1989).

## 2. Da segurança nacional às (in)seguranças individuais

O paradigma realista de análise das Relações Internacionais defende que num mundo anárquico de Estados soberanos, que defendem os seus interesses, a guerra é sempre uma possibilidade. Como tal, e perante as ameaças externas, a estratégia mais adequada para Morgenthau (1948) é a da acumulação de poder como garante da *segurança nacional*, definida em termos militares. Esta equivalência da segurança nacional à capacidade militar passa pela protecção das fronteiras e da integridade do Estado perante um ambiente internacional que é, na sua essência, hostil, por se caracterizar por uma constante busca de poder por parte de Estados soberanos (que conduz necessariamente ao aumento da insegurança estatal).

No entanto, nos chamados "anos dourados" dos estudos tradicionais sobre segurança, que terminaram em meados dos anos 1960 (Walt, 1991), e com a noção de que as guerras nucleares seriam demasiado perigosas, a segurança e a estabilidade passaram a ser definidas enquanto equilíbrio de poder no sistema internacional. O neo-realismo, ou realismo estrutural de Waltz (1979), conferiu uma base teórica sólida para esta apologia do equilíbrio de poder como fundamento precário da segurança. Num mundo anárquico, a cooperação mútua serviria o interesse comum; mas dada a ambição política e o egoísmo inerentes à natureza humana, a guerra é inevitável (Tickner, 2001).

Aqui reside precisamente o clássico dilema de segurança: perante a incerteza do comportamento dos (outros) Estados, procura-se a protecção recorrendo ao armamento – segurança militar(izada); mas na medida em que este é um acto que pode ameaçar a segurança de outros Estados, instala-se a motivação para um círculo vicioso que pode deflagrar em guerra a qualquer momento (Waltz, 1979). Ou seja, estamos perante um paradoxo: a guerra surge enquanto instrumento último de garantia da segurança e interesse nacional.

O final da Guerra Fria e a emergência ou maior visibilidade de riscos – como a degradação ecológica, a proliferação de armas ligeiras ou as novas guerras, que ocorrem maioritariamente dentro e não entre Estados – em parte abafados pela tradição realista de insegurança, e a emergência do terceiro debate em Relações Internacionais vieram reforçar a necessidade de abertura da agenda limitada e estatocêntrica da segurança. Aos estudos tradicionais sobre segurança começaram a contrapôr-se os estudos críticos sobre segurança, que consideravam não ser possível incluir questões cruciais para o entendimento da segurança a partir de uma epistemologia positivista-racionalista, ou numa ontologia baseada em actores racionais instrumentalizados num mundo estatocêntrico (Tickner, 2001).

Ou seja, a proposta foi a de substituir o individualismo abstracto pela análise de identidades e culturas dos Estados, que estão em constante mudança. Mas os estudos críticos sobre segurança não advogam apenas a ampliação da agenda. Ken Booth (1991) recusa a definição da política baseada na centralidade do Estado e da sua soberania, defendendo que os Estados são eles próprios, muitas vezes, fontes de insegurança. Propõe, antes, que os indivíduos sejam os objectos da segurança, abrindo a possibilidade de falar de uma comunidade humana transcendente, com preocupações comuns globais, maximizando a segurança.

De alguma forma, a Carta das Nações Unidas constituiu um marco de viragem, ou de início de transição, rumo a um entendimento da segurança contrastante com o conceito tradicional exposto.

Por um lado, não pode ignorar-se a articulação que ela estabelece entre paz e cumprimento de metas sociais e económicas, como o desenvolvimento internacional equitativo ou o respeito universal pelos direitos humanos. Por outro lado, porém, é manifesta a subalternização desta arquitectura de paz positiva em relação à preocupação central da Carta, que é, efectivamente, a de manutenção da paz e da segurança de acordo com uma perspectiva político-militar tradicional, em que a integridade territorial e a independência política de cada Estado constituem objectivos absolutamente prioritários.

Na década de 1970, Olof Palme propôs uma nova abordagem ao conceito de segurança, no Relatório da Comissão Independente sobre Questões de Desarmamento e Segurança (conhecido por Relatório Palme): a segurança entendida em termos de sobrevivência conjunta e não de destruição mútua, entendida enquanto *segurança comum*, denunciando as contradições entre a segurança militar dos Estados e o bem-estar económico dos seus cidadãos e cidadãs e salientando a noção de interdependência global.

No mesmo sentido, o relatório da Comissão sobre a Governação Global defende que as fronteiras dos Estados se têm vindo a tornar cada vez mais ilusórias, e que a insegurança individual tem vindo a aumentar, em resultado de novos riscos como a destruição ambiental ou a violação de direitos humanos (*Commission on Global Governance*, 1995).

Estas inseguranças e a necessidade de novas soluções, ignoradas pela abordagem estatocêntrica, que resultam de aspectos essenciais de interdependência ecológica, económica, entre outras, conduziram ao aparecimento de novos conceitos, como o de *segurança humana*.

Charles-Philippe David (2000) identifica cinco linhas de contestação teórica ao realismo que contribuíram para a emergência desta nova abordagem: o conceito de paz positiva de Johan Galtung; a privação das necessidades humanas como causa de grande parte dos conflitos contemporâneos, veiculada por John Burton em 1972; as ameaças não militares à qualidade de vida dos habitantes de um Estado como fontes de insegurança; o questionamento do sujeito da segurança avançado pelas escolas críticas dos estudos sobre segurança (ênfase no indivíduo e não no Estado); e o desafio das noções de interesse, de poder e de soberania por parte dos actores do sistema internacional.

Este novo tipo de segurança, que tem como preocupação central a dignidade humana, foi popularizado pelo Relatório sobre Desenvolvimento Humano do Programa das Nações Unidas para o Desenvolvimento (PNUD) de 1994. Este Relatório considera a (in)segurança humana como a soma de um conjunto de (in)seguranças: económica, alimentar, na saúde, ambiental, pessoal, colectiva e política:

> Para a maioria das pessoas o sentimento de insegurança resulta mais dos receios vividos na vida quotidiana do que de um acontecimento apocalíptico mundial (PNUD, 1994: 229).

Ou seja, propõe a reconceptualização da segurança, agora entendida de forma mais abrangente do que a versão militarizada e fragmentada dos realistas, ao incluir novas ameaças, e centrada na segurança do indivíduo. A ser assim, esta evolução do conceito marcaria uma clara ruptura com o corpo conceptual característico da Guerra Fria, tanto ao nível da definição da ameaça como da identificação do objecto da segurança e da gestão dos meios utilizados para combater a ameaça.

No entanto, as propostas de segurança comum e de segurança humana constituem apenas um passo da transformação pretendida pelas análises feministas, na medida em que os conceitos que propõem se situam ainda numa lógica tendencialmente macro-social, e não questionam as relações sociais de poder que geram inseguranças.

Por isso mesmo, as e os feministas começaram a questionar quem ou o quê deve ser o objecto de segurança, que níveis de análise se favorecem e quem ou o quê constitui uma ameaça à segurança. O nível de análise micro-social introduzido pela crítica feminista das Relações Internacionais veio reforçar a visibilidade da ineficácia deste modelo de segurança tradicional, que vê no poder militar o instrumento privilegiado para manter a ordem mundial hierárquica num sistema exclusivamente estatocêntrico.

Para o feminismo, ao invés, o paradigma de segurança estatocêntrico não só não pressupõe a eliminação da violência como a eterniza, já que a sua

> [...] hiper-concentração na segurança entre Estados põe entre parênteses a insegurança inter-pessoal que se reforça e perpetua de acordo com padrões culturais enraizados (Pureza e Moura, 2004).

Segurança nacional e insegurança individual são duas faces do mesmo entendimento tradicional da segurança, que faz equivaler segurança a cidadania. Neste, as únicas ameaças reais são as de carácter político-militar; e, por outro lado, a militarização da sociedade, enquanto contraface dessa visão da insegurança é, afinal, uma manifestação visível do patriarcado, enquanto modo de governação e modelo de dominação.

Esta proposta tradicional concebe, portanto, a segurança de forma fragmentada, com claras fronteiras entre a desordem internacional e a ordem nacional, uma vez que assume que, num sistema internacional anárquico, a única forma de um Estado garantir a sua segurança é maximizando o seu poder e assegurando a sua não-dependência (Tickner, 1992).

Numa perspectiva feminista é ainda necessária a ruptura com o *status quo* dominante, substituindo o paradigma tradicional de segurança por uma definição de *segurança de proximidade* (Moura, 2005), que tenha como preocupação central a dignidade humana (nas esferas micro e macro) e que marque uma clara ruptura com o corpo conceptual característico da Guerra Fria, tanto ao nível da definição da ameaça como da identificação do objecto da segurança e da gestão dos meios utilizados para combater a ameaça, reduzindo ou eliminando, deste modo, relações de poder hierárquicas.

As abordagens feministas desafiam a dicotomia público/privado e denunciam as inseguranças que daí derivam, ocultadas pelo paradigma estatocêntrico da segurança nacional (Pettman, 1996), e propõem um conceito de segurança multidimensional que responda às várias esferas de manifestação das violências.

Em síntese, a objectividade reclamada pelo realismo é, afinal, a supressão de uma subjectividade: a feminina. E, por ser assim, as análises feministas pretendem alargar ou redefinir o que é político, do nível micro ao global, da esfera pessoal à internacional, denunciando os impactos que as estruturas macro têm em grupos locais e em indivíduos.

## 3. A construção social do sistema de guerra

O mundo em que vivemos actualmente caracteriza-se pela hegemonia de uma cultura da violência. *Cultura* na medida em que, ao longo dos anos, foi interiorizada, ou mesmo sacralizada, através de mitos, simbolismos, políticas, comportamentos e instituições (Fisas, 1998). Na opinião de Pureza (2001: 9) esta cultura política resulta, em parte, de um senso comum conflitualista ou realista, "segregado no processo de afirmação e consolidação do sistema interestatal como forma política do sistema mundial moderno". Esta cultura legitima o adversarialismo e a diabolização do/a outro/a. É legitimada pelo patriarcado, perpetua a dominação, a luta pelo poder, o militarismo, o etnocentrismo e é reprodutora de estruturas que perpetuam a injustiça.

Ora, um dos mais importantes contributos feministas para a análise das Relações Internacionais foi o de denunciar a construção social daquilo a que Betty Reardon (1985) apelidou de *sistema de guerra*, desafiando a inevitabilidade da ordem social dominante, e pondo em evidência a natureza realmente hierárquica dessa mesma ordem social.

Como já foi referido, a guerra e qualquer forma de violência organizada são fenómenos culturais, que se aprendem e desaprendem. Nas palavras de Vicent Martínez Guzmán podemos desaprender a cultura de guerra, uma vez que

> [...] A guerra é algo que os seres humanos aprenderam e, portanto, não é nem um impulso inato, nem está no nosso código genético. Se a aprendemos, podemos desaprendê-la (Martínez Guzmán, 2001: 139).

A crítica feminista ao sistema internacional centra-se em particular na análise da construção e legitimação de um tipo de masculinidade (hegemónica) e na enorme influência que ele tem na configuração de uma cultura da violência. Durante milénios, o sistema de dominação e imposição masculina não só subjugou as mulheres como também depreciou e subvalorizou valores que agora reivindicamos como essenciais.

Existe, portanto, uma relação directa entre a invenção social da guerra e um determinado tipo de masculinidade. Para Betty Reardon (1985) foi o sistema patriarcal que produziu o sistema de guerra, e não o contrário, uma vez que os aspectos violentos deste sistema estão impregnados nas nossas vidas, afectando tanto as nossas relações interpessoais como as internacionais. Deste modo, a invenção e institucionalização da guerra representam um instrumento específico do patriarcado,[11] destinado a perpetuar a ordem social que ele mesmo criou.

Ou seja, o poder e a guerra são um *continuum* do patriarcado, uma transposição da dominação para uma escala mais ampla. É este entendimento que molda a crítica feminista ao paradigma realista das Relações Internacionais, uma vez que para além de reflexo do sistema patriarcal este paradigma vem reforçá-lo e perpetuá-lo.

Neste sentido, o que temos actualmente é a negação da paz: não só a guerra como outras formas de violência, resultantes da falta de confiança, suspeição, intolerância e ódio, da incapacidade de interagir construtivamente com a diferença (Symonides e Singh, 1996), que determinam as hierarquias internacionais de poder.

Este sistema patriarcal, ou sistema de guerra, traduz-se numa ordem social competitiva, baseada em princípios autoritários, que pressupõe um valor desigual entre seres humanos, que é colocada em prática através de força coerciva, que institucionaliza a dominação masculina em estruturas verticais, e que é legitimada pela cultura (Reardon, 1985; Galtung, 1996). Existe uma pequena minoria, uma elite, que controla a maioria através do medo e da insegurança,

---

[11] [o] patriarcado é um sistema de dualismos: da mente sobre o corpo, do pensamento sobre o sentimento, do céu sobre a terra, do espírito sobre a carne. Dualismos nos quais as mulheres são identificadas com o lado negativo [do binómio]. O patriarcado é um sistema de valores desenvolvido através da experiência masculina: competitividade, hierarquia, agressão, burocracia, alienação da terra, negação das emoções, visão geracional limitada, objectificação do/a outro/a, seja por motivos de sexo, raça ou classe (Zanotti *apud* Reardon, 1985: 37).

privilegiando uma noção de segurança que legitima o uso da força ao nível interno e externo, promovendo o *militarismo* e a *militarização* das sociedades.

Cynthia Enloe (2000) refere que a militarização das sociedades tem um alcance cultural e não exclusivamente político, uma vez que se desenvolve não só em períodos de guerra mas também em tempos de paz, e que chega com eficácia à população inserindo-se nos padrões de consumo através da publicidade, da moda, dos próprios jogos infantis, etc. Para Enloe, a militarização não corresponde ao simples acto de ingressar no exército ou de possuir e utilizar uma arma. Trata-se de um processo bastante mais subtil, que atravessa e influencia toda a rotina diária, enraizado na ideologia, nas instituições ou na economia, chegando a ser considerado algo de normal ou mesmo nobre. A análise do militarismo a partir da perspectiva do sistema patriarcal contribui, portanto, para desmascarar os privilégios de uma forma de masculinidade dominante e hegemónica que opera e existe activamente nas sociedades actuais.

Desta forma, quanto mais militarista for uma sociedade, mais sexistas tendem a ser as suas instituições e valores. E vice-versa, se tivermos em consideração o triângulo vicioso de violência analisado por Galtung. Estes conceitos e valores militaristas são apoiados e mantidos pelo patriarcado, que incorporou as suas estruturas e práticas no Estado, criando o paradigma básico de Estado-nação.

Para Reardon (1985), a actual ordem global – o sistema de guerra – é mantida através da violência e da opressão, sendo as mulheres mais vitimizadas por esse sistema do que os homens. O patriarcado é assim a "parte central da estrutura conceptual que determina virtualmente toda a acção humana, tanto pública como privada" (Reardon, 1985: 15), promovendo um sistema de guerra que silencia e camufla actores e acontecimentos que possam denunciar as suas contradições.

Na base, a construção e perpetuação deste sistema recorre a mitos e a estereótipos que, ao serem essencializados – e, por isso, tomados como dados imutáveis –, naturalizam e legitimam a existência de relações de poder desiguais e o seu prolongamento no sistema de guerra. Para Reardon (1985), as diferentes formas de comportamento impostas a mulheres e homens por esse pensamento essencialista reforçam as várias características do sistema de guerra.

### 3.1. *Estereótipos e construções*

A construção dos estereótipos que caracterizam o patriarcado e o sistema de guerra bebe na argumentação essencialista a justificação da alegada natureza imutável das identidades. A perspectiva realista das Relações Internacionais perfilha, na base, uma compreensão tendencialmente fixista da natureza humana, recorrendo frequentemente à ideia da agressividade natural ou naturalizada (e inevitável) do homem, às características biológicas específicas do sexo masculino que fazem com que ele actue de forma violenta. Estes são os mesmos argumentos que sustentam os debates sobre a inevitabilidade ou fatalidade da guerra (Pettman, 1996), os argumentos *essencialistas*.

Para além de considerar *todos* os homens como os principais perpetradores da violência e *todas* as mulheres como as principais vítimas desta violência, esta perspectiva, quando utilizada nas análises sobre os conflitos armados, atribui às mulheres o papel de *construtoras naturais da paz*, detentoras de um pacifismo natural inerente à feminilidade. Ou seja, o essencialismo defende a imutabilidade da identidade individual e social (Smith, 2001), argumentando que determinadas características ou comportamentos são inatos e naturais e, por isso, inalteráveis ou imutáveis. Nega, portanto, a possibilidade de ambiguidade ou mudança de identidade.

A alternativa a este argumento é oferecida pelo *construtivismo* ou pós--essencialismo, que tem como base a ideia de que não existe uma natureza humana independente da cultura. Dan Smith (2001) refere que o construtivismo difere do essencialismo em três aspectos fundamentais: em primeiro lugar, ao defender que as nossas características não são inatas mas, sim, construídas e influenciadas por factores sociais, económicos, culturais, históricos e políticos; em segundo lugar, enquanto o essencialismo defende a imutabilidade da natureza humana, o construtivismo diz-nos que aprendemos a ser o que somos e que estamos em constante mudança – homens e mulheres são sujeitos de distintos processos de socialização na formação da(s) sua(s) identidade(s); finalmente, ao contrário do essencialismo, que reduz a sua análise da identidade de um grupo ou de uma sociedade a apenas uma ou duas dimensões (geralmente a nacionalidade e o sexo), o construtivismo alerta para a multiplicidade de identidades individuais e sociais que transportamos connosco ao longo da vida.

A oposição entre essencialismo e construtivismo tem a ver, portanto, com o debate *"nature and nurture"*, características inatas ou aprendidas (Smith, 2001: 34).

As generalizações essencialistas são, de certa forma, noções do senso comum sobre a identidade. Tendemos a pensar na nossa identidade de forma unidimensional e não composta, dada a relutância em reconhecer a nossa própria ambivalência. O argumento essencialista é, por isso, eficaz em discursos políticos e na mobilização de massas (ao apelar a uma identidade colectiva), e recorrente em tempo de conflitos, em particular conflitos étnicos e lutas independentistas (Smith, 2001).

A guerra é, para Tickner, a expressão desta unidimensionalidade das identidades, um período de exacerbação da polarização de identidades sexuais. As diferenças entre homens (masculinidade) e mulheres (feminilidade) são reforçadas de uma forma errónea, simplificando padrões de identidade: aos homens é-lhes atribuído um papel activo, as mulheres assumem papéis de apoio, na esfera privada (Tickner, 1992: 47).

No entanto, em sociedades devastadas por conflitos violentos, a reconciliação depende precisamente da mudança da sociedade e das pessoas. De alguma forma, portanto, da mudança de identidades. Desta forma, o essencialismo não pode servir como base para as análises e estratégias políticas para a paz (Smith, 2001). Para além disso, tem sido utilizado para marginalizar as mulheres, por reproduzir estereótipos que atiram as mulheres para a invisibilidade, negando-lhes qualquer tipo de actuação. Se, ao invés, adoptarmos argumentos moldados pelo discurso construtivista, poderemos conceptualizar a possibilidade de mudança.

### 3.2. *Os "nós" e as "outras" do sistema de guerra*

Já ficou assinalado que o patriarcado e, com ele, o sistema de guerra colocaram no centro da elaboração conceptual em Relações Internacionais uma estrutura de pensamento dualista a que não é alheia a polarização essencial entre masculinidade e feminilidade (Moura, 2005).

Na opinião de Diana Fuss (1995), os binómios ou dicotomias convencionais (como homem/mulher, heterossexual/homossexual, guerra/paz, entre muitos outros) foram construídos sobre os fundamentos de outra oposição correspondente, o binómio *dentro/fora*. E, portanto, toda a construção identitária se baseou na

> [...] simetria estrutural destas distinções aparentemente fundamentais e na inevitabilidade de uma ordem simbólica baseada numa lógica de limites, margens e fronteiras (Fuss, 1995: 113).

Ou seja, qualquer identidade se estabelece ou constrói por oposição, em referência a um exterior, a um lado de fora, e depende da produção simultânea de um *eu* (ou nós) e um *outro*, um sujeito e um outro objectificado. E esta representação designa a estrutura da exclusão, da opressão (Fuss, 1995). Ou seja, só se atribui significado ao *lado de fora* através da incorporação de uma imagem negativa. Simone de Beauvoir, em *O Segundo Sexo*, denuncia precisamente o modo como esse *outro* (ou outra) se estigmatizou e se converteu num sujeito objectivado (*apud* Fuss, 1995).

O sistema de guerra em que vivemos depende e mantém este *nós* e os/as *outros/as* através da construção de dicotomias: homem/mulher, sujeito/objecto, razão/emoção, guerra/paz, formal/informal, entre outros, nas quais o primeiro elemento do binómio é considerado superior ao segundo (e depende dele para essa superioridade). Estes pares dicotómicos naturalizaram-se e influenciaram toda a acção e entendimento humanos, perpetuando estereótipos que essencializam a relação entre mulheres e paz e homens e violência.

Na construção social do sistema de guerra, a paz e a guerra foram construídas em torno do masculino e do feminino. A paz como abstracção foi considerada *mulher*, um princípio ou bem natural sempre latente, associada a atributos socialmente construídos de cuidado, carinho e passividade; o homem esteve sempre associado à guerra, apresentada e legitimada pela defesa da comunidade (Martínez López, 2000).

A imagem de mãe contraposta à imagem de guerreiro (dar a vida e tirá-la) serviu para justificar a construção dos papéis sexuais relacionados com a paz e com a violência. O mito da *guerra* versus *maternidade* tem legitimado esta associação. A guerra pode ser considerada como a pedra angular da masculinidade. Os jovens são considerados "homens" depois de cumprirem o serviço militar e depois de participarem numa guerra (Enloe, 1983). No entanto, a participação das mulheres na guerra ou no serviço militar não é considerada um acontecimento importante no processo de construção da identidade social das mulheres. Pelo contrário. Geralmente a maternidade é o acontecimento que marca a transição da adolescência para a idade adulta da mulher, e é frequentemente identificada como a justificação da conceptualização da feminilidade enquanto inerentemente pacífica (Skjelbaek e Smith, 2001).

Algumas análises feministas consideram o treino militar como o ponto máximo do processo de militarização ou da socialização num determinado tipo de masculinidade (Reardon, 1985; Enloe, 1983). O verdadeiro soldado tem que provar que não é nem *mulher* nem *homossexual*, para depois provar que é um *homem de verdade* e um *bom soldado* (Pettman, 1996: 93).

A ideia de que existe uma relação significativa, constitutiva e causal entre teorias e ideologias da guerra (das velhas ou das novas) e masculinidade é considerada senso comum pelas análises feministas ao longo dos últimos vinte anos (Elshtain, 2000; Cohn, 1987; Enloe, 2000; Goldstein, 2001, entre outros).

Mais recentemente, a relação entre guerra e masculinidade foi concep-
tualizada usando o conceito de *masculinidade hegemónica*, *dominante*, analisando a forma como a masculinidade actua enquanto fonte de legitimação
de hierarquias dentro da sociedade. De facto, a militarização que subjaz ao
sistema de guerra convoca, para além da diferenciação entre masculinidade
e feminilidade, a diferenciação entre noções de masculinidade. Sublinha, em
particular, a construção de uma masculinidade hegemónica, por oposição ou
negação a outras masculinidades e a um determinado tipo de feminilidade
(pacífica e passiva).

Na realidade, este tipo de masculinidade é o correlato da construção do
outro/a feminino, identificado com funções de *mero* apoio voluntário ou
involuntário e papéis exclusivamente não combatentes (enfermeiras, mães,
vítimas e mesmo activistas pela paz), ou seja, de uma feminilidade que lhe
sirva de contraponto e confirme e reforce a construção do cidadão-guerreiro
(Goldstein, 2001). Nas palavras de Barret,

> A expressão masculinidade hegemónica diz respeito a uma imagem particular e
> idealizada de masculinidade em relação à qual imagens de feminilidade e outras
> masculinidades são marginalizadas e subordinadas. O ideal hegemónico de mas-
> culinidade na actual cultura ocidental corresponde a um homem independente,
> corajoso, agressivo, heterossexual e racional (Barret, 2001: 79).

Esta construção subalterniza as mulheres (as características consideradas
femininas) e os homens considerados "inferiores". De facto, a heterossexua-
lidade, a homofobia e a subordinação das mulheres são apontadas como as
características fundamentais deste tipo de masculinidade. Reardon (1985:
30) sublinha que o *medo* de características ditas femininas, principalmente
da capacidade humana de cuidar, é essencial para o sucesso da socialização
militar. E porque o cuidado e a preocupação constituem uma ameaça para a
aceitação inquestionável da autoridade, foram relegados para as esferas privada e feminina.

Neste sentido, Pettman (1996) considera que o senso comum associa a
masculinidade com a violência e o militarismo, chegando mesmo a valorizar
esta associação, uma vez que são estas masculinidades hegemónicas e militarizadas que governam os Estados ou os exércitos, são elas que promovem a
violência estrutural e cultural.

São ainda estas masculinidades que, para Enloe, são entendidas como
sinónimos de liderança política nos Estados Unidos, influenciando de forma

dramática a política externa do país. A tentativa de manutenção e de reforço das posições privilegiadas atribuídas aos detentores desta masculinidade nos processos de tomada de decisão, ao nível nacional e internacional, passam pela adopção de políticas de segurança e pela criação de organizações altamente masculinizadas e militarizadas. E, quando uma abordagem política é militarizada, a sua principal característica é o silenciamento e marginalização das mulheres. Por isso mesmo, o processo de militarização da sociedade corresponde sempre a um processo de perda (Enloe, 2004).

A análise feminista sobre a guerra passa por denunciar os elementos ideológicos subjacentes à guerra como sendo dependentes de uma hierarquia sexual de valores, que justifica a tradicional divisão sexual do trabalho na guerra e ajuda a legitimar a guerra. Ou seja, a hegemonia pressupõe a manutenção do poder, que por sua vez pressupõe a naturalização e a normalidade das relações de poder (Pettman, 1996).

Ann Tickner (1992) lembra que esta masculinidade hegemónica está ao serviço da concepção realista das Relações Internacionais que considera a preparação para a guerra como a única forma de um Estado garantir a segurança nacional, preparação essa que é feita com base numa versão militarizada da cidadania (expressão concreta da masculinidade hegemónica), e que tem como contraponto uma feminilidade desvalorizada, passiva, que tem de ser protegida.

Esse *outro/a* utilizado/a para legitimar o sistema de guerra evidencia-se especialmente na construção social do *protector/(des)protegida(o)*, na romantização da guerra, que coloca na necessidade de protecção dos mais fracos e das vítimas passivas da violência a justificação para a construção do cidadão--guerreiro, alegadamente sacrificado pela nação. *Womenandchildren* são os símbolos, as vítimas e os motivos para a violência, como refere Enloe (1983), e por isso mesmo tudo o que deslegitime esta dicotomia tende a ser silenciado e ocultado.

A compreensão do cidadão-guerreiro como construção social permite questionar a associação essencialista entre a guerra e a agressividade natural dos homens. Na verdade é precisamente porque não se pode confiar numa tendência inata para a violência dos homens que tem sido necessário apelar a uma forma de masculinidade específica e ao dever patriótico (Tickner, 1992). Se os homens fossem naturalmente agressivos não seria necessária tanta doutrinação ideológica.

Nas palavras de Enloe (2004), fazer com que o exército e o serviço militar sejam vistos como naturais exige esforço e é dispendioso, como se comprova pelas elevadas fatias de orçamento estatal atribuídas à publicitação do serviço militar quando ele é voluntário, pelas estratégias de promoção de uma determinada noção de cidadania militarizada e pelos castigos impostos a quem *foge* do serviço militar onde ele é obrigatório.

Esta abordagem naturaliza comportamentos socialmente construídos, algo que se espelha no estereótipo do protector/(des)protegida utilizado como justificação da guerra, e reproduz dicotomias que reforçam a subordinação das mulheres. A divisão entre protectores (que constituem frequentemente a fonte de perigo) e desprotegidas contribui para a relação de dependência no plano colectivo e individual (Martínez López, 2000) e torna invisíveis experiências de mulheres e homens que, por não se coadunarem com os papéis atribuídos segundo o sexo, são ignoradas.

A proposta de paz feminista – que introduz o nível microssocial de análise – não implica inevitavelmente a aceitação do essencialismo estereotipado, ou seja, a aceitação de uma qualquer ligação natural entre mulheres e práticas pacíficas e a associação de homens a práticas violentas. A entrada das mulheres na esfera pública a partir do século XIX, e especificamente no campo da paz, com mobilizações contra a guerra entre Estados e contra a opressão das mulheres, foi justificada e entendida como um prolongamento natural da esfera privada (em que avultam o cuidado e o facto de serem mães).

No entanto, esta associação tem sido rejeitada pelas análises feministas das Relações Internacionais mais recentes, que consideram que essa sedimentação de estereótipos é um produto das estruturas patriarcais, tanto sociais como institucionais. Esta associação entre mulheres e paz pode ser redutora, por reproduzir categorias conceptuais binárias que têm sido utilizadas para marginalizar mulheres: o pacifismo feminino como contraponto da agressividade masculina.

Neste sentido, as abordagens feministas aos conflitos armados têm vindo a alertar para a mitificação da associação entre *mulheres e paz*, que pode representar mais do mesmo, ou seja, contribuir para o reforço das dicotomias utilizadas para legitimar a manutenção das hierarquias de poder (Pettman, 1996), obscurecendo simultaneamente as divisões e diferenças entre as próprias mulheres.

Neste contexto, é grande o risco de também o recente interesse e importância atribuídos aos papéis das mulheres na construção da paz contribuírem para a invisibilização de experiências que denunciem as incoerências do sistema e que questionem os estereótipos.

Em síntese, o sexismo e a guerra são fenómenos culturais, que não se podem resolver em separado. Existe entre eles uma relação causal e recíproca e, por isso, a solução passa por combinar o pessoal e o político numa estratégia única para ultrapassar estes problemas associados (Reardon, 1985: 36). Cynthia Enloe (2000: 195-201) sugere mesmo que o *pessoal é político e internacional*, sendo que esta frase também pode e deve ser lida em ambos os sentidos. Desta forma, as relações pessoais foram internacionalizadas, do mesmo modo que os governos dependem de certas relações alegadamente privadas para poderem manter a sua estrutura: seja do trabalho não remunerado das mulheres, seja da militarização do quotidiano, seja da perpetuação de uma construção passiva da feminilidade e agressiva da masculinidade.

# CAPÍTULO IV
# A RE(DES)MASCULINIZAÇÃO DA GUERRA

## 1. Da desmasculinização da guerra...

O processo de construção da cultura de guerra ou de violência recorre ao silenciamento das evidências ou de práticas que desafiam os mitos legitimadores da supremacia desta cultura. Que contradições ou falhas têm de ser camufladas de modo a que a geminação ideológica entre masculinidade e militarismo pareça *natural*? Dado que a análise das práticas revela as fragilidades e as incoerências dos estereótipos, pretendo analisar, nesta secção, algumas das "operações de camuflagem, de disfarce e silenciamento" (Enloe, 1993) que são levadas a cabo numa tentativa de perpetuar e manter inquestionáveis os instrumentos utilizados pelo sistema de guerra: a militarização e o militarismo.

Como referi anteriormente, a masculinidade hegemónica está ao serviço da concepção realista das Relações Internacionais que considera a preparação para a guerra como a única forma de um Estado garantir a segurança nacional. Esta preparação é feita com base numa versão militarizada da cidadania e tem como contraponto (e depende de) uma feminilidade desvalorizada, passiva, que necessita de protecção.

A masculinidade sempre assumiu, portanto, uma importância crucial nos mecanismos através dos quais a guerra é legitimada enquanto prática. Os homens são a grande maioria nos exércitos e a maioria dos combatentes. A posição dos homens no sistema patriarcal e as identidades masculinas geradas por este sistema subjazem a todas as motivações que os levam a participar numa guerra. Na realidade, muitas versões de masculinidade em muitas sociedades são construídas a partir da prática de luta ou de combate (Cockburn, 1999).

Como defende Goldstein (2001), as formas de guerra mudam ao longo dos tempos, mas o seu carácter sexuado não. Podemos então afirmar que a exacerbação de uma masculinidade hegemónica e militarizada é o fundo comum que une as culturas de violência presentes em todas as escalas de guerra.

O final da Guerra Fria deu origem a uma preocupação com a "nova desordem mundial" (Jacobs *et al.*, 2000: 3). Esta desordem – analisada nos anteriores capítulos – caracteriza-se pela emergência de novos conflitos armados, que substituem as formas clássicas de guerra entre exércitos estatais organizados.

E, à medida que a tipologia da conflitualidade se transforma, são desafiados e questionados os mitos e estereótipos que subjazem à legitimação do sistema de guerra. Se a guerra reforça um modelo hegemónico de masculinidade, que por sua vez reforça a guerra (Dolan, 2002), como interpretar a reconfiguração da conflitualidade internacional – dos seus actores, condutas, motivações – que temos vindo a testemunhar desde o final da Guerra Fria? Será a emergência de *novas* guerras – e, mais ainda, de *novíssimas* guerras – sinónimo de uma crise da masculinidade ou da desmasculinização do *cidadão-guerreiro*, protector, racional, utilizado e manipulado enquanto forma de legitimação das guerras tradicionais?

Se assim for, podemos afirmar que a nova geografia das violências armadas corresponde à própria *desmasculinização da guerra*?

A percepção realista ou clausewitziana das guerras defende que a conflitualidade é essencialmente a mesma, independentemente do seu contexto. As mudanças de protagonistas e cenários de conflito, bem como os avanços tecnológicos que aumentam a sua letalidade, não constituem um factor de mudança para o seu significado central, uma vez que, segundo esta abordagem, o que importa verdadeiramente é o facto de a guerra sempre ter sido utilizada como um instrumento para alcançar objectivos políticos. Esta abordagem é insuficiente, contudo, para a análise da transformação das guerras – dos seus actores, condutas e objectivos – que se têm registado ao longo dos últimos vinte anos.

Neste contexto, como já foi analisado anteriormente, foram propostas análises sobre as causas e características das novas guerras (Kaldor, 2001; Coker, 2000; Shaw, 2002, entre outros). Kaldor (2001) defende que neste período de pós-Guerra Fria as novas guerras substituíram as guerras vestefalianas – as velhas guerras. Estas novas guerras são diferentes em termos de motivações, actores e métodos, são guerras predominantemente intra e não interestatais, resultam de políticas de identidade e não de choques de interesses nacionais ou ideológicos, caracterizam-se por um esbatimento da demarcação entre zonas de guerra e zonas de paz, entre um exército claramente identificado e a população civil, dependem de uma economia informal globalizada e não de uma economia de guerra nacional.

Os números são bem conhecidos: ao longo dos anos 1990, o mundo assistiu a 118 conflitos armados, na sua maioria conflitos internos, nos quais morreram cerca de seis milhões de pessoas (Skjelsbaek e Smith, 2001: 3), em grande parte civis. Coker (2000) defende a emergência de uma "humane warfare", que envolve a minimização das baixas de guerra dentro do próprio exército (do "nosso" exército, em oposição ao dos "outros").

Ou seja, a passagem para uma forma de guerra *pós-humana*, que se caracteriza pela abundância de novas tecnologias que têm como objectivo retirar os seres humanos (uma vez mais, os *nossos*) dos cenários de guerra, ou para uma forma de guerra *pós-heróica*, na opinião de Luttwak (1995). Em síntese, esta abordagem defende a diminuição do significado social (construído) da guerra.

De certo modo, as análises recentes sobre a emergência de novos tipos de conflitualidade violenta vêm desafiar a ordem estabelecida entre guerra e masculinidade – apesar de não ser esse o seu objecto de análise. Nesta ordem ou construção, a dependência da guerra de capacidades de controlo da violência e de racionalidade instrumental associam-na directamente a versões hegemónicas da masculinidade, definida em termos da sua oposição à fragilidade, desprotecção e racionalidade do *outro* feminino.

Os desafios ou questionamentos à masculinidade hegemónica (clausewitziana, em particular) evidenciam-se nas estratégias das novas formas de guerra. A desmasculinização emerge como uma estratégia declarada de humilhação do inimigo (Turshen e Twagiramariya, 1998). De facto, uma das características que marca as guerras contemporâneas é precisamente o seu rosto maioritariamente feminino. Se os conflitos têm actualmente o espaço da comunidade como cenário, as mulheres e crianças (considerados/as os/as desprotegidos/as, os/as mais débeis) constituem colectivos particularmente afectados de forma directa.

A violência sexual sistemática constitui uma arma e um objectivo de guerra, especialmente em conflitos étnicos. A violação é utilizada como acto de humilhação contra as mulheres e contra os homens seus familiares e as suas comunidades. Em sociedades nas quais as mulheres são consideradas as guardiãs da honra e da identidade, a pressão e o medo são uma constante em períodos de conflitos armados. A violação e o homicídio em larga escala foram utilizados nos ataques genocidas às mulheres Tutsi do Ruanda, em 1994. Segundo a Human Rights Watch, quase todas as mulheres Tutsi que sobreviveram ao massacre foram violadas (HRW/Africa, 1996). Na Bósnia-Herzegovina, e segundo o Alto Comissariado das Nações Unidas para os Refugiados (ACNUR, 1993), todas as partes estiveram implicadas, a vários níveis, na violação utilizada como arma de guerra para atingir objectivos de guerra. O *European Fact-Finding Team* afirma que mais de vinte mil mulheres e meninas muçulmanas foram violadas na Bósnia, desde o início dos confrontos em 1992, como estratégia de terror e de limpeza étnica (Skjelsbaek e Smith, 2001: 53).

Há igualmente registos de casos de violência sexual contra homens, em tempos de conflitos armados (no caso da ex-Jugoslávia, por exemplo). A estratégia segue a mesma lógica, a de desumanizar, humilhar e, acima de tudo, desmasculinizar o grupo de protectores que não se consegue proteger a si mesmo ou aos seus desprotegidos(as). Segundo Pettman (1996), o que prevalece são estratégias de feminização e castração dos inimigos homens como dominação simbólica, numa tentativa de desconstruir a masculinidade hegemónica.

Estes dados vêm denunciar a fragilidade (ou mesmo falsidade) dos argumentos ou estereótipos utilizados para legitimar a perpetuação da violência e do militarismo: sendo as crianças e as mulheres tidas como os mais débeis, os que devem ser protegidos, estas estratégias de sexualização deliberada dos alvos civis são absolutamente contraditórias com essa justificação e põem a claro a sua artificialidade culturalmente construída.

Por sua vez, o estereótipo que subjaz à construção de mulheres dependentes da protecção dos *seus* homens e Estados, perante as ameaças de *outros* homens e *outros* Estados, vem reforçar a sua vulnerabilidade e insegurança. Este argumento constitui um dos maiores pretextos para que homens (e mulheres) se mobilizem para a guerra. Mas o que assim se legitima é também uma relação entre protector e (des)protegida que é, por definição, uma relação desigual; e, sendo desigual, incorpora, em última análise, uma ameaça ou uso da violência (Pettman, 1996).

As mulheres são os alvos da violência de outros homens ou outros Estados que utilizam os seus corpos para atingir os seus inimigos. A agressão sexual é utilizada, desta forma, para demonstrar o fracasso de um dos grupos de protectores na protecção das suas desprotegidas. Deste modo, há um perigo implícito terrível nessa estratégia de demonstração de fraqueza: é que o contrário dessa fraqueza será uma protecção efectiva, carregada de força e de dominação sobre as protegidas.

Alvo ou protegida – eis o estatuto reservado à mulher na construção social do sistema de guerra. O estereótipo constrói-se e perpetua-se porque a construção de uma masculinidade hegemónica e a legitimação do militarismo dependem de uma feminilidade vulnerável.

Mas este sistema de guerra está presente em todas as esferas da sociedade, e não se manifesta apenas em tempo de conflitos armados. A violência sexual na chamada esfera privada, em tempo de guerra e em tempo de "paz" fazem parte de uma cultura que normaliza e naturaliza a violação e privatiza a violência contra as mulheres. Ou seja, a violação e a violência sexual são políticas sexuais da violência, são violências sexualizadas e locais. Trata-se de uma insegurança individual e micro, longe das fontes de insegurança identificadas pelo actual paradigma prevalecente na análise das Relações Internacionais. Os protectores são as próprias ameaças e perigos (Pettman, 1996).

As causas da transformação, desmasculinização e declínio das guerras vestefalianas, tradicionais – e da própria masculinidade hegemónica por elas produzida –, têm sido associadas à *feminização da guerra* (Van Creveld, 2000; Elshtain, 2000; Coker, 2000). Van Creveld (2000) afirma que a entrada de mulheres no exército – pedra angular do sistema patriarcal e do sistema de guerra – é, simultaneamente, sintoma e causa do declínio da instituição. De facto, a militarização da masculinidade depende dos papéis femininos atribuídos às mulheres. Papéis que, apesar de essenciais para a estabilidade do militarismo, devem ser mantidos ideologicamente marginais.

Enloe (2000) sustenta que o processo de militarização pode privilegiar um determinado tipo de masculinidade, mas fá-lo necessariamente através da manipulação dos significados de feminilidade e masculinidade. Ou seja, a construção de um ideal de comportamento masculino depende acima de tudo da construção de ideais de feminilidade que o apoiem e que lhe sejam complementares. Neste sentido, as construções da masculinidade têm dependido não só da celebração dos homens enquanto soldados, mas também da promoção simultânea das mulheres enquanto mães, esposas e filhas de soldados (Enloe, 2004). Por isso mesmo, a aproximação das mulheres à principal instituição de guerra – o exército – tem sido problemática: por questionar o significado e a utilização da feminilidade e, por oposição, poder desafiar a construção e práticas da masculinidade militarizada.

No entanto, temos vindo a assistir ao aumento do número de mulheres com papéis "de combate" em cenários de guerra, e a campanhas orientadas para o recrutamento de mulheres, levadas a cabo pela instituição mais militarizada e patriarcal do Estado. Até 1914, as forças armadas norte-americanas não permitiam a entrada de mulheres, apesar de na Guerra Civil norte-americana algumas mulheres (disfarçadas de homens) terem assumido papéis de combate. A profissionalização das forças armadas ao longo do século XIX impediu que estes "incidentes" se registassem, garantindo a exclusão de mulheres através de exames médicos. Por isso mesmo, na opinião de Van Creveld (2000), o auge da masculinização das forças armadas correspondeu ao período imediatamente anterior a 1914.

Na I e II Guerra Mundial, guerras totais, o papel das mulheres teve que ser repensado. Neste contexto, foram criadas corporações femininas no Reino Unido e nos Estados Unidos. Na I Guerra Mundial, o número de mulheres nas forças armadas ascendeu aos 150 mil, sendo que na II Guerra Mundial este número chegou ao milhão e meio, das quais 800 mil eram da ex-URSS. A maioria delas desempenhou papéis administrativos e de apoio, e poucas assumiram papéis de combate (Van Creveld, 2000: 433-434).

As estatísticas indicam que na Guerra do Vietname as mulheres constituíram 2% do total do exército norte-americano, percentagem que aumentou para 11% entre 1972 e 1993, sendo que na Guerra do Golfo de 1990-91 o número de mulheres combatentes foi superior a qualquer guerra norte-americana desde a II Guerra Mundial (40 mil) (Enloe, 1993: 206-208). O número de mulheres nas forças armadas manteve-se "controlado" durante a Guerra Fria: nos anos 80 as mulheres constituíam 8,4% das forças armadas norte-americanas, 7,7% das canadianas, 4,9% das britânicas, 2% das francesas, 1% das holandesas e norueguesas (Van Creveld, 2000: 436).

No entanto, com a queda do Muro de Berlim caiu também a perspectiva de uma guerra de larga escala, de uma guerra "a sério", e, portanto, desapareceram as barreiras impostas. As mulheres começaram a ingressar no exército em maior número e a assumir papéis que anteriormente lhes estavam vedados.

Ou seja, para Van Creveld, a entrada das mulheres nas forças armadas decorre da diminuição da possibilidade de ocorrência de guerra. E simultaneamente a entrada das mulheres é sinónimo da perda de eficácia e da debilidade das forças armadas em qualquer cenário de guerra. Neste sentido, à medida que o poder e tamanho das forças armadas diminuem, paradoxalmente, aumenta o número de mulheres na instituição, que se torna uma

> [...] instituição segura para jovens mães, com idades entre os 22 e 23 anos, muitas delas solteiras. O exército garante-lhes benefícios, como seguros médicos e alojamento (Van Creveld, 2000: 436).

No entanto, Van Creveld não contextualiza esta afirmação nem analisa as suas causas. Como salienta Pettman (1996), as mulheres afro-americanas estão sobre-representadas nas forças armadas dos EUA. E este padrão reflecte dinâmicas de discriminação do Estado, particularmente em relação a mães solteiras. Neste sentido, o exército dos Estados Unidos é, de certa forma, entendido como uma expressão do *welfare state*, e por isso é escolhido como opção, mais do que por valores militaristas.

O *declínio* das forças armadas deve-se também, ainda na opinião de Van Creveld, aos avanços tecnológicos aplicados à indústria de armas, em particular à criação de armas nucleares, que cortou a ligação entre vitória e sobrevivência. Nas suas palavras,

> [...] a partir de agora, qualquer parte pode conquistar e ser aniquilada da face da terra. Como resultado, a escala da guerra – que presenciou um crescimento ao longo de vários séculos – começou a decair. Já se passaram muitas décadas desde que algum país desenvolvido participou numa guerra a sério contra um opositor que fosse tão forte como ele, ou que constituísse uma ameaça à sua integridade. A guerra – que corresponda às expectativas – está a desaparecer (Van Creveld, 2000: 432).

A entrada de mulheres nas forças armadas e os avanços tecnológicos são, assim, para Van Creveld, sinónimos e causas do declínio da instituição. Mais do que de declínio, na minha opinião, é de ameaça de um tipo de masculinidade que se trata, a qual, para ser hegemónica, tem que ser militarizada.

Para Coker (2000: 453), actualmente não existem guerreiros, e sim soldados, e nessa mudança as fontes de poder transformaram-se: não são mais os músculos, mas, sim, a tecnologia. Os Estados Unidos seguem uma estratégia de "baixas zero" de guerra (*zero casualties*) – para os seus soldados. Elshtain (2000: 447) afirma que preferem arriscar as vidas dos não combatentes inimigos, civis, do que as de militares norte-americanos.

De algum modo, esta reconfiguração do modo-de-ser dos exércitos atinge a sua expressão mais avançada no que alguns designaram já por exército pós--moderno, para vincar que, se anteriormente a função do exército era a de lutar, actualmente serve para manter a paz (Van Creveld, 2000).

Para além disso, a adopção de novas "regras" – como a tendência para o incumprimento de regras básicas do Direito Internacional Humanitário que contraria a imunidade dos combatentes – vem reforçar a vitimização de mulheres, crianças e homens não combatentes. A nova norma ou padrão de guerra, para os Estados Unidos, parece ser o da *guerra sem riscos*, para o *nosso* lado, que lança bombas a partir de lugares seguros, à distância (Elshtain, 2000). E isto vem questionar a construção da masculinidade heróica, a existência do exército e, principalmente, violar normas das guerras tradicionais e questionar a própria guerra.

Uma análise superficial poder-nos-ia levar a pensar na abertura ou mesmo transformação do exército (neste caso concreto norte-americano) em função da presença de mulheres. No entanto, estes dados e a constatação de novas formas de manipulação da feminilidade com fins militares levam-nos a outras conclusões.

A Guerra do Vietname resultou na relutância de alguns homens em servir o exército. As mulheres surgiam, assim, como último recurso. Segundo Van Creveld (2000: 435), em finais dos anos 1970 as mulheres constituíam cerca de 7% das forças armadas, que (e porque) "[...] atravessavam a maior crise da sua história". Foi também a escassez de homens que levou a que, também nos anos 70, o número de mulheres aumentasse noutros países, incluindo a Austrália, a Suécia, a Grécia, a Grã-Bretanha e a Bélgica.

Não podemos esquecer, contudo, que este foi um período de reconstrução da masculinidade hegemónica, derrotada, humilhada e desmasculinizada pelo inimigo durante a Guerra do Vietname. Ou seja, as respostas da masculinidade hegemónica à humilhação nacional/militar numa guerra, as respostas à agressão e mutilação da própria masculinidade militarizada, passaram por operações de silenciamento, invisibilização e de camuflagem.

Perder uma guerra ou sofrer os seus impactos (por exemplo as feridas de guerra, físicas e psicológicas) questiona toda a construção social de um sistema, denuncia e coloca em evidência mitos que servem para a legitimar. Se a construção deste tipo de masculinidade passa pela coragem física, pela força e pela honra, como encarar o fracasso?

Enloe (1993), por exemplo, analisa o modo como o *Rambo*, um *herói* de uma era de (re)afirmação do militarismo norte-americano, pós-Vietnam e pré-Golfo, veio confirmar o modo como as construções sociais da masculinidade reforçam e perpetuam o militarismo:

> [O Rambo] pertence a uma era diferente da evolução do militarismo norte-americano. [...] Ele desafia abertamente os seus superiores. Tenta recomeçar uma guerra que os próprios líderes estatais querem que termine, se não for ganha. [...] A sua mensagem dirige-se aos homens norte-americanos que sofrem com a humilhação nacional [...]: não vão para grupos de terapia para veteranos nem marchem em manifestações pela paz; em vez disso, envolvam-se em aventuras militares individualistas que desafiem as hierarquias oficiais, mas recuperem o 'orgulho' da nação no seu exército, e mantenham a vossa distância emocional das mulheres (Enloe, 1993: 74).

A resposta à crescente dificuldade de recrutamento de jovens, em particular brancos, justificada pelos salários pouco competitivos em relação a empregos civis e à estratégia de reacção a uma maior visibilidade das situações de maus-tratos – como foi o caso das mortes na *Ranger School* ou na *Scuba School* – passaram pela elaboração de campanhas de recrutamento dirigidas especialmente a grupos étnicos marginalizados, associando o serviço militar a uma oportunidade de carreira e a uma determinada concepção de cidadania plena.

Mas passou, também, e em particular após os crimes por motivos raciais em *Fort Bragg*, por uma tendência de recrutamento especificamente dirigida a mulheres, recorrendo a uma retórica de inclusão e de igualdade de acesso a essa cidadania plena conferida pelo serviço militar (Enloe, 2000), mas camuflando os motivos de fundo ou reais desta *transformação*.

Não seria apelativo nem tão pouco uma boa estratégia reconhecer que este recrutamento resultava da necessidade de preencher as ausências deixadas por jovens que optavam por outros empregos – e que não consideravam a militarização da sua masculinidade como elemento central constituinte da sua cidadania plena. Nem que se tratava de uma forma de mostrar que o exército é uma instituição segura, ou que tinha como objectivo libertar os homens de tarefas necessárias para o funcionamento do exército, como o trabalho administrativo, cuidados médicos ou comunicações, para que pudessem desempenhar tarefas verdadeiramente militares (Enloe, 2000). Ou seja, um recrutamento feito de modo a não subverter a presença masculina e a cultura masculinizada que preside ao modo de ser do exército, através de um processo subtil.

Ao longo dos anos 1990, a imagem do exército norte-americano estava fortemente beliscada. Aos casos de mortes e maus-tratos juntaram-se outros de assédio e abusos sexuais contra mulheres no exército, como o da Base Aérea de Tailhook, em que dezenas de cadetes mulheres foram violadas, perante a negligência dos seus superiores. Para Coker (2000), a vitimização das mulheres no exército é considerada uma parte normal da socialização numa masculinidade militarizada.

De facto, a entrada das mulheres nas forças armadas desafia e origina novas formas de construção da masculinidade e da feminilidade, novas formas de manipulação das identidades. Não surpreende, neste contexto conturbado, que, em 1997, à semelhança de *Rambo* no pós-Vietname, tenha surgido um novo ícone de guerra, desta vez feminino, como forma de "limpar" o nome do exército e apelar ao sentimento patriótico das mulheres: *GI Jane*, a primeira mulher recrutada para o *Navy SEAL training program*, considerado um dos treinos mais duros dos EUA.

GI Jane não admite papéis estereotipados, e exige ser tratada como os seus companheiros homens; aguenta humilhações, rapa o cabelo e supera todas as provas físicas a que é submetida, apesar de todos os obstáculos, e ganha o respeito dos seus pares e superiores. Neste filme podemos observar as tensões e contradições da construção de uma feminilidade em parte militarizada, mas que mantém traços ditos "femininos" (como o cuidado, a emoção, o choro...), que tem, ainda assim, que servir de contraponto a uma hipermasculinidade do exército.

Mais recentemente, em 2003, tivemos a oportunidade de assistir, em directo, de forma quase *hollywoodesca*, à emergência de um novo mito de guerra moderno norte-americano: a construção da identidade da soldado Jessica Lynch, transformada num símbolo da guerra dos EUA contra o Iraque. As suas experiências de captura, de detenção enquanto prisioneira de guerra e o dramático resgate do hospital iraquiano pelas forças especiais norte-americanas podem ser descritos como a construção de um(a) herói/heroína de guerra.

As análises feministas deste caso, em particular a de Maria Stern e Verónique Pin-Fat (2005), afirmam que não é surpreendente que os aspectos da sua feminilidade (pacífica) se refiram quase exclusivamente ao seu tempo fora do exército, ou seja, à sua vida privada. Estes aspectos femininos da sua identidade, como a vulnerabilidade e o carinho, são precisamente o que o protótipo do soldado masculino dos EUA não deve nem pode ter. As controvérsias e contradições desta história expõem a fragilidade e as manobras da construção de uma masculinidade hegemónica que assenta no seu oposto, ou seja, uma feminilidade pacífica, em particular para servir os interesses da instituição mais militarizada do Estado, o exército.

O que está a ser questionado pelas alterações dos padrões das guerras e dos exércitos? As críticas sobre a entrada das mulheres nos exércitos e sobre a sua participação em cenários de guerra não serão uma forma de camuflar a evidência da crise de uma masculinidade, que para ser hegemónica tem que ser militarizada? Como refere Pettman (1996), será o combate para os homens, ainda, o último teste de masculinidade?

É certo que quando falamos de guerra, falamos de um determinado tipo de masculinidade, com valores específicos ou ideais dominantes que lhe subjazem. O exército e a guerra correspondem a estruturas e práticas associadas a valores da masculinidade hegemónica. A masculinidade hegemónica é, portanto, uma construção histórica, que serve propósitos particulares, e que não reflecte, antes contribui, para a construção da ilusão de uma ordem sexual fixa.

No entanto, e na opinião de Goldstein (2001), a construção da masculinidade muda de contexto para contexto, e temporalmente. Apesar da íntima relação entre masculinidade e guerra sempre ter existido, não é uma relação padrão, uniforme e fixa. Ou seja, os *conteúdos da masculinidade hegemónica são relativamente flexíveis*, mas num contexto de guerra e no exército são estáveis – é um conceito relacional que ganha significado ao ser diferenciado de masculinidades subvalorizadas ou contra-hegemónicas, por um lado, e da(s) feminilidade(s), por outro.

A masculinidade hegemónica está, portanto, constantemente a ser refeita. Para Connell (1995) a luta pela hegemonia constitui um aspecto central para a compreensão de políticas de identidade: grupos de homens lutam pela dominação através da definição social de masculinidade. No entanto, as condições em que essa hegemonia pode ser legitimada e suportada estão em constante mudança. Nesse sentido, um dado padrão de masculinidade hegemónica pode ser transformado ou deslocado ao longo dos tempos.

Na análise das guerras – velhas, novas, novíssimas – e da transformação dos padrões da guerra interessa, neste sentido, analisar a dinâmica formal através da qual se produz a valorização de determinados tipos de masculinidade. Ou seja, entender o que é que pressupõe (e o que não pressupõe) a hegemonia da masculinidade hegemónica.

## 2. ...À remasculinização das guerras

A nova e novíssima tipologia da violência e as novas geografias das guerras contrastam com as guerras vestefalianas em termos da sua escala, dos seus objectivos, actores e pelos seus métodos de actuação. Estaremos perante a crise de um tipo de masculinidade hegemónica ou, pelo contrário, perante a emergência de uma nova forma de masculinidade militarizada, que sirva de legitimação e perpetue a necessária *economia da violência* que subjaz a estes novos conflitos?

Coexistem, actualmente, perante a emergência de novas e novíssimas guerras, vários tipos de masculinidades, militarizadas, que tentam legitimar vários tipos de guerra e que se transformam com o objectivo de manter a sua hegemonia.

A masculinidade que esteve subjacente à criação e manutenção de exércitos nacionais, que participava nas guerras sacrificando-se pela nação, que (supostamente) protegia os mais débeis, as desprotegidas, que através do serviço militar era detentora de cidadania plena, atravessa um período de crise.

Precisamente porque foi construída com o objectivo de legitimar um determinado tipo de guerra, que tem vindo a desaparecer.

No entanto, a emergência de novos e novíssimos tipos de guerra é possível porque o sistema que lhe subjaz tem uma enorme capacidade de transformação e adaptação. As velhas masculinidades hegemónicas, que permitiram e resultaram das guerras tradicionais com motivações ideológicas, enfrentam actualmente uma crise de hegemonia, um desafio às razões da sua existência e manutenção, mais do que um processo de desmasculinização. No entanto, negoceiam-se as identidades necessárias à legitimação e perpetuação das novas e novíssimas guerras.

Se assim for, as identidades subjacentes e perpetuadas pelos novos e novíssimos sistemas de guerra apresentam necessariamente novas características. Os objectivos políticos, de cariz ideológico, foram substituídos por objectivos económicos e por políticas de identidade; os Estados deixaram de ser os principais actores das guerras contemporâneas e em seu lugar emergem grupos armados informais; a escala da conflitualidade é cada vez mais local, apesar de globalizada, e afecta cada vez mais a população civil; as armas pesadas foram substituídas por armas ligeiras, fazendo com que se torne ténue a divisão entre zonas de guerra e zonas de paz. Neste horizonte de transformações tão acentuado, o elenco de valores entendidos como centrais na construção de uma masculinidade dominante que naturaliza as violências atravessa uma zona de turbulências.

Segundo Connell (1995), a violência faz parte de um sistema de dominação, mas ao mesmo tempo constitui uma demonstração da sua imperfeição, uma vez que uma hierarquia completamente legítima teria menos necessidade de intimidar. Deste modo, a escala de violência contemporânea resulta de tendências de crise (no sentido habermasiano do termo, crise de legitimação) da ordem sexual moderna. E estas tendências de crise podem, por exemplo, provocar tentativas de restaurar uma masculinidade dominante.

Podemos identificar algumas das transformações nos padrões das guerras que constituem, na minha opinião, indicadores da forma de construção da masculinidade dominante, ou tentativas de remasculinizar a hegemonia (e as guerras).

Os argumentos de Van Creveld (2000) constituem um bom ponto de partida. Na sua opinião, o debate em torno da feminização do exército contemporâneo baseia-se num mal-entendido: as mulheres não estão a ganhar nada com esta entrada, mas o exército – em resultado desta entrada e como se constata por esta tendência – está em declínio desde há 50 anos.

Sou obrigada a concordar com o primeiro argumento. De facto, se adop-tarmos uma abordagem feminista antimilitarista da sociedade, não podere-mos entender os ganhos da abertura e entrada no exército de mulheres (e homens). Mas conseguimos compreender os motivos subjectivos que levam homens e mulheres, na sua grande maioria de classes sociais menos privile-giadas, em grande medida discriminados, a ingressar no exército e a sujeita-rem-se a processos de militarização que criam a ilusão de acesso a uma cida-dania plena.

Discordo, no entanto, que a feminização do exército constitua a principal causa – sequer uma ameaça – à hegemonia desta instituição masculinizada. De facto, a presença de mulheres em instituições militares e em papéis de combate pode constituir um desafio e denunciar o que de construído existe nas negociações de identidade que legitimam as guerras.

No entanto, mais do que o declínio de uma masculinidade hegemónica, militarizada, que serviu os propósitos das velhas guerras, estamos perante tentativas de redefinição de outras masculinidades, que serão hegemóni-cas, e da reconstrução da hegemonia da masculinidade em novos e novís-simos cenários de conflitualidade violenta. E, como em todos os processos de construção de masculinidades hegemónicas, isto faz-se, uma vez mais, à custa da oposição a outras masculinidades e principalmente a feminilidades.

Na realidade, isto confirma-se pelas próprias palavras de Van Creveld, que afirma que o crescimento de exércitos irregulares, não estatais, corresponde a outro dos sintomas do declínio dos exércitos nacionais. E isto acontece por-que fora dos EUA, Europa Ocidental, Japão e Austrália, o mundo continua a não ser pacífico, e nestes locais existem conflitos abertos, de baixa inten-sidade, que causam a morte a milhares de pessoas (Van Creveld, 2000: 438--439). Mas, defende, em nenhum deles as mulheres são combatentes, assu-mem papéis de apoio e de vítimas. E isto deve-se em parte

> [...] ao facto de [os organizadores] das guerras as levarem demasiado a sério para se renderem às exigências políticas e jurídicas que levaram as forças armadas do mundo desenvolvido a aceitar mulheres, e a tratá-las como se fossem feitas para a guerra como os homens [...]. Talvez porque tenham mais onde gastar o dinheiro. [...] Preferem mesmo crianças a mulheres. [...] Em conclusão, é porque as mulheres desses países não se iludem que as encontramos entre os refugiados e não a lutar (Van Creveld, 2000: 441).

A única conclusão que podemos retirar desta afirmação é a de que, na actual tentativa de manutenção da masculinidade hegemónica dos exércitos nacionais – que se tornam obsoletos, perante a alteração dos padrões da guerra –, se recorre, uma vez mais, ao silenciamento e invisibilização de experiências das mulheres, com o objectivo de camuflar e legitimar uma determinada construção de masculinidade hegemónica. O não reconhecimento dos papéis das mulheres como combatentes, em grande medida por representar um desafio a uma feminilidade construída como pacífica, leva à marginalização das suas necessidades.

Em El Salvador, por exemplo, foi desmobilizado, em 1992, um total de 3285 mulheres. Mas os tipos de discursos articulados por Van Creveld (entre outros) moldam as práticas da exclusão, como se verificou pelos programas de reinserção levados a cabo em El Salvador, que não previam políticas específicas para as mulheres (de formação profissional, compensações económicas, acesso a terras ou bolsas de estudo); nem foi relevante o facto de 80% das guerrilheiras terem filhas e filhos menores de 12 anos, sendo que em 29% constituíam o único sustento da família (Murguialday, 2000: 39).

Para além do caso de El Salvador, há registos da participação de mulheres em ataques suicidas organizados por grupos rebeldes no Líbano, na Turquia, no Sri Lanka, na Tchetchénia e em Israel. Estima-se, por exemplo, que metade dos 18 mil combatentes armados dos Tigres Tamil (Sri Lanka) são mulheres.

Outro dos aspectos centrais das novas e novíssimas guerras diz respeito à proliferação de armas ligeiras, que contribuíram amplamente para a mudança de escala da conflitualidade, em detrimento do declínio dos mercados de armas consideradas pesadas (tanques, submarinos, etc.), que testemunharam um declínio de 40% entre 1991 e 1997 (Van Creveld, 2000: 430).

Nas palavras de Enloe, quando a percepção política de uma comunidade sobre a sua identidade passa pela pressão para possuir e utilizar armas, pelo apoio das mulheres a esta utilização, precisa de explicação. Como se constroem essas pressões? Que significado tem a militarização para as relações entre homens e mulheres? O que acontece quando algumas mulheres resistem a essas pressões? (Enloe, 1993: 250). São precisamente estas as questões que devem ser colocadas nas análises das novas e, em particular, das novíssimas guerras

Dolan (2002) defende que o predomínio e promoção de um modelo hegemónico de masculinidade – à custa de vários tipos de masculinidades e feminilidades – pode ser considerado um indicador de um "Estado fraco" em vários sentidos: um Estado que reforça um modelo de masculinidade enquanto estratégia política, perante a ausência de mecanismos de legitimidade e ao qual falta a vontade política e/ou a capacidade de garantir um contexto de segurança e de protecção de direitos dentro do qual seja menos imperativo aderir a um modelo normativo, e dentro do qual poderiam emergir múltiplas masculinidades (Dolan, 2002: 80). Eu acrescentaria feminilidades, também, e não apenas daquelas que são construídas para legitimar a construção militarizada de uma masculinidade.

Fukuyama (1992: 329-30) defende que, no mundo actual, há ainda pessoas que arriscam as suas vidas em batalhas sangrentas por um nome, por uma bandeira, ou por uma peça de roupa; mas tendem a pertencer a *gangs* com nomes como *Bloods* ou *Crips*, e ganham a vida a vender drogas. Neste sentido, continua a ser necessário analisar as causas que subjazem à adesão ou construção de um determinado tipo de masculinidade, considerada hegemónica. Em contextos de novíssimas guerras, em que as situações de múltipla exclusão social e económica são exacerbadas, as escolhas disponíveis para jovens de espaços urbanos são limitadas.

Perante a associação entre masculinidade violenta e posse de armas de fogo, não surpreende que, na tentativa de ocupar um lugar em sociedades hierárquicas, muitos jovens recorram à violência armada como forma de obter estatuto, poder e demonstrar a sua hegemonia. E, nesses contextos, o papel atribuído às mulheres é o de apoiar esta normalização da violência (BICC, 2003).

Estamos, em síntese, e em resultado de vários factores, a testemunhar a (re)negociação entre masculinidades e feminilidades associadas às práticas da guerra, que tem como objectivo a construção de um novo padrão de masculinidade hegemónica. No entanto, como salienta Connell (1996), as condições da hegemonia estão a mudar. As características destas novas formas são a globalização das finanças, a desregulação dos mercados, e o crescimento de empresas fora do controlo de qualquer governo e de qualquer processo democrático.

A construção e legitimação do sistema que possibilitou e perpetuou as *velhas* guerras traduziu-se, essencialmente, pela militarização da sociedade, que teve como principal objectivo a normalização e naturalização da violência. Mas teve como elemento central a construção de um tipo de masculinidade, militarizada e considerada hegemónica, que assenta em dicotomias e estereótipos que têm vindo a ser desafiados pelas características dos novos padrões de conflitualidade.

As guerras vestefalianas resultaram de conflitos ideológicos, tinham como principais actores exércitos nacionais, os espaços e estratégias de guerra eram claramente definidos – no sentido de minimizar as baixas civis na prossecução dos objectivos de guerra.

As alterações da tipologia da violência e a nova geografia das guerras deram origem a alguma confusão: os exércitos nacionais já não são os principais actores das guerras – foram sendo gradualmente substituídos por exércitos paramilitares, milícias e *gangs* com ligações transnacionais; os confrontos ideológicos foram substituídos por guerras por recursos e os cenários de guerra deslocaram-se, afectando na sua maioria a população civil.

Coexistem, actualmente, perante a emergência de novas e novíssimas guerras, vários tipos de masculinidades, militarizadas, que tentam legitimar vários tipos de guerra e que se transformam com o objectivo de manter a sua hegemonia. A masculinidade que esteve subjacente à criação e manutenção de exércitos nacionais, que participava nas guerras sacrificando-se pela nação, que (supostamente) protegia os mais débeis, as desprotegidas, que através do serviço militar era detentora de cidadania plena, atravessa um período de crise. Precisamente porque foi construída com o objectivo de legitimar um determinado tipo de guerra que tem vindo a desaparecer.

No entanto, a emergência de novos e novíssimos tipos de guerra é possível porque o sistema que lhe subjaz tem uma enorme capacidade de transformação e adaptação às tendências emergentes no panorama internacional. Para o olhar realista de alguns, as novas ou novíssimas guerras são conflitos de baixa intensidade, sem objectivos políticos, desmasculinizadas e portanto despolitizadas. De facto, o poder de apelidar um determinado conflito de guerra pertence apenas aos grupos dominantes e hegemónicos. No entanto, desde há mais de uma década que temos vindo a assistir à transformação da tipologia das guerras. E, com ela, assistimos à (re)construção de identidades que as legitimam e perpetuam.

É este o ponto de partida para a análise da violência armada urbana no Rio de Janeiro. A cidade apresenta todas as características daquilo a que chamei novíssima guerra. Trata-se de uma hiperconcentração urbana de violência que, apesar de ser comum em contextos de elevada impunidade, se dilui na paz institucional e formal.

CAPÍTULO V

## VELHÍSSIMAS GUERRAS SEXUADAS, NOVÍSSIMAS GUERRAS ARMADAS: O CASO DO RIO DE JANEIRO

**Introdução**

O Brasil é um exemplo claro de um país que vive um novíssimo tipo de conflitualidade violenta e armada. Trata-se de um país que não está envolvido em nenhuma guerra oficial mas que, não obstante, apresenta (em algumas regiões) uma das taxas mais elevadas de homicídio provocadas por armas ligeiras do mundo. E são os jovens do sexo masculino, com idades compreendidas entre os 14 e os 29 anos, negros, de classes sociais marginalizadas, os que mais matam e mais morrem com armas de fogo.

Este discurso já quase formatado, repetido, parcial, tem duas consequências: *hipervisibiliza* e transforma em ameaça tudo o que aparentemente é mais óbvio e *silencia* e *invisibiliza* tudo o que esteja para além do olhar mais superficial e que não se ajuste a uma determinada concepção da insegurança e do medo colectivo.

Desta forma, invisibilizam-se as formas de envolvimento do sexo feminino na violência armada e as suas motivações e subalternizam-se as características da vitimização feminina por armas de fogo, esquecendo que as práticas mais directas e visíveis da violência armada constituem, no fundo, uma expressão extrema de um *continuum* de violências. Simultaneamente, a hipervisibilização de determinadas práticas da violência armada, em concreto as que ocorrem na periferia, contribui para a homogeneização e demonização dos habitantes e espaços de periferia, em concreto jovens do sexo masculino. Neste capítulo pretendo analisar essas hipervisibilizações e silêncios.

### 1. Rio de Janeiro: um exemplo de novíssima guerra

Apesar da sua longa história de violência social, institucional e privada, o Brasil não atravessou períodos de violência politica endémica, como foi o caso de outros países da América Latina. Na opinião de Alba Zaluar (2004), as guerras privadas, entre famílias, especialmente no espaço rural da região nordeste do Brasil, estiveram subjacentes à violência vivida no país até ao século XX. Este tipo de violência, que favorecia os mais poderosos (*coronéis*), pautava-se pela impunidade, e tinha a complacência das forças de segurança que apenas puniam os mais pobres, negros e indígenas.

O regime militar que assumiu o poder no Brasil entre 1964 e 1985 foi responsável por um tipo de violência colectiva e institucional, ainda que em muito menor grau (no que diz respeito a mortos e desaparecidos) do que em outros países latino-americanos, como a Argentina. No entanto, as práticas de tortura, abusos, prisões ilegais e censura levadas a cabo durante o período da ditadura facilitaram a emergência do crime organizado. Muitos dos que participaram nestas práticas tornaram-se membros de grupos de extorsão e extermínio, de jogo ilegal (jogo do bicho) e de tráfico de drogas. Para além disso, muitos dos militares responsáveis pelas violências da ditadura foram protegidos pela Lei de Segurança Nacional (abolida em 1988) e pela Amnistia de 1979 que impediu que fossem julgados e punidos (Zaverucha, 1994, *apud* Zaluar, 2004: 141). Assim, segundo Zaluar (2004), como as reformas do sistema de justiça foram praticamente inexistentes, e as práticas policiais permaneceram inalteradas, especialmente as práticas dirigidas às camadas mais pobres da população, podemos afirmar que os efeitos do regime militar se fazem ainda sentir no funcionamento das instituições brasileiras, e em particular do Rio de Janeiro.

Desta forma, o final da ditadura não significou a transição para uma sociedade mais pacífica. A agudização da violência urbana de tipo directo, quantificável actualmente pelas estatísticas, resulta de violências estruturais e culturais que se enraizaram no país. Na opinião de Angelina Peralva (2000), a lenta transição para a democracia teve como consequência a debilidade do Estado e a sua incapacidade para controlar a violência, ainda que a segurança continue nas mãos da polícia militar, herdada da ditadura.

A combinação de factores como o rápido crescimento urbano e a falta de infra-estruturas de habitação (que conduziram ao aumento de bairros ou comunidades pobres nas periferias das grandes cidades a partir de finais dos anos 1960); a elevada desigualdade na distribuição de riqueza; o crescimento económico lento; a dependência de empréstimos internacionais; os baixos níveis de vida da população; a disponibilidade crescente de armas de fogo; a emergência do tráfico de drogas e de grupos armados organizados (em particular no Rio de Janeiro); a incapacidade ou ausência de resposta por parte do Estado; a memória, a cultura e a prática da violência mantida e perpetuada pela polícia e por grupos de segurança privada são factores que estão na raiz da explosão da violência directa urbana que teve início em finais dos anos 1980 e que se mantém até hoje, em particular na cidade do Rio de Janeiro.

Pretendo, em seguida, analisar o caso do Rio de Janeiro enquanto exemplo de uma novíssima guerra, centrando-me, em concreto, em duas das três características desta conflitualidade violenta, acima identificadas: o seu carácter urbano e armado.

## 1.2. *As cidades na cidade*

Segundo dados do Instituto Brasileiro de Geografia e Estatística (IBGE), a população brasileira quadruplicou em sessenta anos. O Brasil passou de 41,2 milhões de habitantes para 169,8 milhões, entre 1940 e 2000. Simultaneamente, nesse período de tempo, o país testemunhou uma acentuada migração para as cidades, que contribuiu para a inversão da proporção rural/urbano. Em 1940 viviam cerca de 28,2 milhões de habitantes no campo, correspondentes a dois terços da população brasileira, contrastando com 12,8 milhões de habitantes das cidades. Já em 2000, o número de habitantes das cidades atingiu os 137,9 milhões, aumentando o grau de urbanização de 31,3%, em 1940, para 81,2%. Este aumento resultou do elevado crescimento vegetativo[12] no espaço urbano, do êxodo rural e da assimilação de áreas anteriormente classificadas como rurais, que passaram a ser consideradas urbanas.

No Rio de Janeiro, e à semelhança do que já foi anteriormente analisado, a paisagem urbana foi sendo moldada pela segregação. A população mais pobre foi sendo afastada do centro, das zonas de fácil acesso, para a periferia da cidade ou para zonas montanhosas (morros). Após um período de políticas de (tentativa de) erradicação das favelas (entre 1962 e 1973), que expulsaram os pobres urbanos para zonas afastadas da cidade, e da constatação do seu fracasso (pela distância que separava os habitantes do seu local de origem e de trabalho, pelos elevados custos dos transportes públicos e pelo baixo nível salarial), as favelas deixaram de ser consideradas uma solução transitória de habitação (Peralva, 2000). A partir de 1974 foram lançadas medidas de urbanização destas comunidades, com um acesso mínimo a serviços públicos (electricidade, água, algumas redes de saneamento básico, recolha de lixo, etc.).

No entanto, as tentativas de urbanização das favelas não significaram a sua integração ou inclusão, e cada vez mais *favela* se tornou sinónimo de ausências, ou conotada negativamente com tudo o que o *outro lado* não é ou não deve ser, como o outro lado de um dualismo que tem servido para descrever a realidade do Rio de Janeiro, marcada pela desigualdade social. Na opinião de Paulo César Gomes (2003), é precisamente este raciocínio simplista e dualista, que

---

[12] Diferença entre a taxa de natalidade e a taxa de mortalidade.

assenta em categorias totalmente opostas, que leva à apresentação de universos mutuamente excludentes, onde à ausência se opõe, de forma simétrica e inversamente proporcional, a abundância. Devemos, portanto, ir além deste pensamento redutor, ampliando categorias, e percebendo que existem dinâmicas espaciais e práticas que não são exclusivas de determinadas regiões da cidade ou segmento social. Se o fizermos, percebemos que estes espaços condensam dinâmicas que são transversais ao resto da cidade. Se partirmos desta desconstrução dualista, que opõe o lado formal ao lado informal do Rio de Janeiro, e aceitarmos a continuidade geográfica entre as diversas áreas da cidade, percebemos também os *continuuns* de grau, intensidade ou de escala das mesmas dinâmicas. Assim, e como refere Gomes (2003), podemos olhar para o espaço da favela como um cenário "exagerado" de alguns aspectos que são partilhados por outros espaços e actores da vida urbana carioca.

### 1.3. *Da paz à guerra?*

A violência armada no Rio de Janeiro constitui um exemplo máximo deste *continuum*. Hipervisibilizada na periferia, sub-visibilizada no resto da cidade.

Entre 1982 e 2002 o número de mortes por armas de fogo no Brasil triplicou, de 7 para 21 mortes por 100 000 habitantes (Phebo, 2005). Entre 1991 e 2002 cerca de 90 mil pessoas foram mortas com armas de fogo. Na Europa, a taxa de mortes por armas de fogo é de 7,9 por 100 000 habitantes, a taxa mais baixa do mundo. A população brasileira constitui 2,8% da população mundial, mas no país registaram-se, ao longo dos anos 1990, entre 9% e 13% das mortes provocadas por armas de fogo no mundo.

A história e as características deste novo tipo de violência estão directamente relacionadas com a emergência do tráfico de drogas, do tráfico de armas e dos grupos que os controlam. Apesar do tráfico de droga no Rio de Janeiro não ser recente (datando de inícios do século XX), somente em finais dos anos 1970 e início dos anos 80, com a chegada de enormes quantidades de cocaína à cidade (resultante da "guerra ao tráfico de drogas" e do consequente desvio das rotas internacionais de tráfico de drogas), ela passou a ser um ponto de passagem importante para a exportação de cocaína para os EUA, Europa e África do Sul (Dowdney, 2003). As redes do tráfico ligam algumas cidades e estados brasileiros a países produtores de droga, como o Paraguai, a Bolívia, o Peru ou a Colômbia.

As estatísticas demonstram que a violência armada directa, espelhada nas taxas de mortalidade, começou a aumentar justamente depois de meados dos anos 1970: em 1980 registaram-se 1807 homicídios no Rio de Janeiro (ou seja, 35,5 homicídios por cada 100 mil habitantes); mas em 1989 este número aumentou para 3516, ou seja, 64,9 homicídios por cada 100 mil habitantes. Esta taxa manteve-se até ao ano 2000 (Dowdney, 2003: 92).

Como em toda a América Latina, as causas deste aumento têm uma relação directa com a disseminação e utilização de armas de fogo. No Brasil, entre 80 e 90% do número total de homicídios são provocados por armas de fogo. Em 1960 foram apreendidas pela polícia, no estado do Rio de Janeiro, 841 armas, mas em 1999 este número aumentou para 11 633 armas (mais letais e tecnologicamente mais avançadas). Este aumento da apreensão de armas, a partir dos finais dos anos 1980,

> [...] acompanha a emergência das facções de droga, a sua fragmentação, militarização e as disputas armadas pelos territórios, e também o aumento dos confrontos com a polícia (Dowdney, 2003: 93).

No Rio de Janeiro existem três *facções* de droga, ou grupos armados que disputam o controlo territorial das comunidades pobres (favelas) com objectivos económicos de controlo do tráfico de drogas: *Terceiro Comando, Comando Vermelho* e *Amigos dos Amigos*. Seguindo os padrões e características já mencionados sobre a nova violência na América Latina, podemos constatar que no Rio de Janeiro, uma grande metrópole, a violência é específica de alguns bairros e não afecta de igual modo a população.

Como afirma Luke Dowdney (2003), algumas regiões têm um número de mortes semelhante a algumas cidades da Europa e dos EUA, com menos de 10 homicídios por 100 mil habitantes, e outras regiões têm índices semelhantes a áreas em conflito armado ou em guerra (com índices entre os 100 e os 501 homicídios por cada 100 mil habitantes). Apesar das taxas de mortalidade provocada por armas de fogo serem comparáveis às perdas sofridas e provocadas em muitas guerras contemporâneas, a cidade e o país não estão a viver uma *guerra* (Dowdney, 2003). No entanto, as manifestações do comércio ilegal de droga no Rio de Janeiro (e o combate a estas práticas) supõem níveis de violência armada, taxas de mortalidade provocadas por armas de fogo, uma organização paramilitar, a territorialização geográfica, a dominação *política* das comunidades pobres e a participação das autoridades do Estado que atingem níveis que não se registam em nenhum outro lugar do mundo (Dowdney, 2003).

Os conflitos armados que ocorrem no Rio de Janeiro são protagonizados, por um lado, pelas facções do tráfico de droga, que apresentam características e modos de actuação semelhantes. São estruturadas hierarquicamente (enquanto unidades armadas organizadas) ao nível local. Têm objectivos económicos e não se distinguem ideologicamente (apesar dos grupos terem códigos de comportamento, estruturas organizativas e noções de justiça distintos, têm em comum o objectivo económico de venda ilegal de droga na cidade, bem como estratégias semelhantes de dominação da comunidade e do seu território como base do poder). Enquanto grupo armado são financeiramente auto-suficientes pelo seu próprio objectivo e não dependem de outros crimes para se armarem (esta tendência tem vindo a sofrer alterações, e são já frequentes os crimes de furto e roubo para financiar a actividade armada).

Apesar de não existirem diferenças ideológicas entre elas, as facções demonizam os seus rivais, doutrinando os membros da comunidade, e em particular os jovens, numa cultura de ódio e de medo ao *outro* (ou seja, das facções rivais e das comunidades dominadas por elas). As facções são territoriais, definem-se geograficamente através do domínio das favelas onde estão os seus pontos de venda. Controlam as comunidades de favela, num domínio imposto através de regras e castigos clandestinos. Constituem uma presença armada constante nas comunidades dominadas e algumas possuem armamento de guerra.

Recorrem a armas de fogo para perpetuar a violência, tendo como resultado um maior número de mortes do que as registadas em algumas áreas que vivem uma *nova guerra*. As crianças são (à semelhança do que acontece nas novas guerras), utilizadas pelas facções nas disputas territoriais armadas, nos confrontos armados com facções rivais e com a polícia. Em síntese, as situações em que ocorrem *novíssimas guerras* vêm exacerbar exponencialmente o *pluralismo jurídico tradicional* (Santos, 1997), adicionando-lhe uma componente de violência armada organizada, com efeitos quer *ad intra* quer *ad extra*, que passa a ser a base fundamental da existência de verdadeiros micro-estados dentro do Estado, delimitados pela ordem e pela lei geral que é definida pelas facções de droga.

Uma vez que o Estado não é o alvo deliberado dos ataques das facções do tráfico de droga no Rio de Janeiro, não se pode afirmar, à luz dos padrões conceptuais tradicionais, que a cidade ou o país vivam uma guerra. Apesar da organização paramilitar local, do objectivo de domínio territorial e político sobre espaços geográficos, do elevado número de combatentes armados (incluindo ex-militares) e da sua presença constante nas comunidades que dominam, das armas de utilização militar e dos índices de violência armada que matam muito mais do que 1000 civis e combatentes por ano, as facções do tráfico de drogas da cidade do Rio de Janeiro não se opõem nem têm interesse em assumir o lugar do Estado. São poderes simultâneos, e o Estado pode formalmente entrar e intervir em todos os espaços da cidade. E apesar de terem uma organização interna, códigos de conduta e uma cadeia de comando, as facções não estão estruturadas como organizações militares, onde todos os membros têm um mesmo chefe independentemente da unidade local que representam (Dowdney, 2003).

A proposta avançada por Dowdney para situar as disputas territoriais das facções do tráfico de droga no Rio de Janeiro é a de uma situação intermédia entre crime organizado e guerra, que ele designa por *violência armada organizada,*

> [...] uma situação intermitente de conflito armado que resulta em mais de 1000 mortes de combatentes e civis num período de um ano, resultante da acção de grupos armados não estatais, organizados ou semiorganizados, sem motivação política, religiosa, étnica ou ideológica, territorialmente definidos e que têm um controlo efectivo sobre as comunidades que dominam, utilizando armas ligeiras e possuindo uma organização paramilitar a nível local, tendo em vista ganhos económicos ilegais. Utiliza para isso crianças e adolescentes como combatentes armados e eventualmente enfrenta o Estado recorrendo a violência armada quando o seu objectivo económico se encontra ameaçado, mas sem a intenção de substituir o governo do Estado ou de atacar o governo em busca de vantagens políticas ou territoriais (Dowdney, 2003: 203).

Acrescentaria, no entanto, que a violência armada que faz com que grande parte da população do Rio de Janeiro sinta que vive uma guerra quotidiana, vai muito além das suas intervenções visíveis e directas, e muito além das fronteiras das favelas. Por um lado, a população das comunidades dominadas pelo tráfico de drogas e pelas milícias é sistematicamente invadida pela polícia, sentindo diariamente os efeitos localizados desta situação específica da violência armada organizada (a restrição à mobilidade constitui um dos danos colaterais desta guerra, já que em ocasiões de maior intensidade do conflito os habitantes não podem sair ou entrar nas suas comunidades ou casas, por medo de balas perdidas, que frequentemente atingem as suas casas e familiares e amigos). Para além disso, os impactos do uso das armas de fogo, no Rio de Janeiro, transcende as fronteiras geográficas das comunidades das favelas. Apesar da importância em se chamar a atenção para a participação de crianças e adolescentes no tráfico de drogas e na violência armada, defendo que isto corresponde apenas a uma parte do problema, como veremos em seguida.

### 1.4. *Masculinidades (in)visibilizadas*

Ao analisarmos os rostos da nova conflitualidade que se manifesta com particular incidência no Rio de Janeiro reparamos que os homens são desde logo as principais vítimas directas da violência armada. Por cada 24 homens (com idade entre os 15 e os 29 anos) mortos com armas de fogo no Brasil morre uma mulher (Amnistia Internacional, 2003). Sendo masculino, o rosto desta violência é também predominantemente jovem. A taxa de homicídios entre os jovens com idades compreendidas entre 15 e 29 anos foi de 239 por 100 mil habitantes, em 1999, registando-se um aumento do número de mortes entre os jovens com 10-14 anos (ou seja, há uma componente infantil crescente nesta faceta jovem da violência no Brasil, e em particular no Rio de Janeiro). O número de mortes de menores de 18 anos provocadas por armas de fogo no Estado do Rio de Janeiro é superior a algumas regiões do mundo que vivem uma *guerra*.

Por outro lado, são também jovens e homens os principais agentes desta violência. Para isso concorre, a título principal, a mística da masculinidade (Fisas, 1998) e toda a simbologia das armas de fogo a ela associada e enraizada na cultura de violência que predomina na América Latina. O monopólio masculino do uso e posse de armas de fogo é, na realidade, uma expressão da socialização num tipo de masculinidade, violenta, de culturas locais e nacionais em que a utilização masculina de armas de fogo é a norma. Em tempos de guerra e em países *pacíficos* as armas fazem muitas vezes parte de um ritual de passagem da infância para a idade adulta dos rapazes, que são frequentemente socializados de forma a sentirem familiaridade e fascínio com e por armas (Connell, 1995). Estes elementos simbólicos vêm associar--se aos demais factores já referidos para caracterizar a singularidade destas novíssimas guerras.

No entanto, e como refere Gary Barker (2008), a hipervisibilização da violência armada da periferia, retratada em livros e filmes como a *Cidade de Deus* (o livro, de Paulo Lins, de 1997, e o filme, de Fernando Meirelles, de 2002), e mediatizada quotidianamente no Rio de Janeiro e no Brasil, parece sugerir que a totalidade ou maioria dos jovens de comunidades pobres são violentos, potencialmente violentos ou que estão envolvidos em grupos armados, quando na realidade apenas uma pequena minoria (pouco mais de 1% dos jovens) ingressa em actividades relacionadas com o tráfico de drogas ou assume comportamentos violentos. A cultura do medo e da insegurança gera um interesse na violência das favelas que se assemelha a uma espécie de pornografia social que tem como objectivo excitar os nossos medos e fazer disparar a adrenalina (...) e que, como outras formas de pornografia, reafirma estereótipos sexuais, e em específico parece querer confirmar o estereótipo (típico da classe média) de que os jovens de comunidades pobres são violentos por natureza e que portanto há que construir mais prisões e enclaves seguros para protecção (Barker, 2008: 88).

Não podemos esquecer, obviamente, que a versão de masculinidade dominante e violenta associada aos grupos armados do Rio de Janeiro constitui uma forma extrema e exagerada de uma versão hegemónica da masculinidade. Alba Zaluar (1994) defende que esta masculinidade dominante e hegemónica se encontra nas localidades mais pobres do Brasil e não se resume aos jovens que participam no tráfico de drogas. No entanto, o modelo hegemónico de masculinidade tem-se globalizado, e podem já ser identificados alguns traços definidores dessa versão global:

> [a versão hegemónica global emergente de masculinidade] senta-se em salas de espera de primeira classe ou em elegantes hotéis de negócios em todo o mundo, usa um fato de executivo desenhado por um estilista de renome, fala inglês, opta por cozinha continental, enquanto fala ao telemóvel, tem o seu computador portátil ligado à internet enquanto vê a CNN internacional na televisão. É cosmopolita, com gostos liberais no consumo (e sexualidade) e ideais políticos conservadores (Kimmel, 2001: 25).

Assim sendo, no caso do Brasil, como em todos os outros países no mundo, o tipo de masculinidade considerado hegemónico não é específico da periferia, apesar de, perante as desigualdades sociais e a falta de reconhecimento e valorização pessoal, existir a tendência para ser hiperbolizado nessas regiões. Retomando o argumento de Barker (2008), podemos afirmar que para muitos dos jovens de comunidades pobres do Rio de Janeiro, que não desempenham papéis valorizados pela sociedade, a violência constitui um instrumento para adquirir e manter estatuto, perante outros elementos masculinos e aos olhos do sexo feminino. E esta projecção ou adesão a uma versão violenta de masculinidade pressupõe o uso da violência armada para alcançar determinados objectivos, a disposição para matar, atitudes sexistas em relação a mulheres (incluindo o uso da violência) e um sentido exagerado da honra masculina. Ser um *bandido* no Rio de Janeiro é ser o representante da mais visível e assustadora versão do que significa ser homem. Contudo, representante, e não criador, dessa versão violenta da masculinidade. As facções armadas do Rio de Janeiro recriam e exageram identidades masculinas tradicionais a partir de um contexto social mais amplo que promove versões violentas, sexistas e misóginas da masculinidade (Barker, 2008). Mas, no fundo, o que varia são os meios e métodos utilizados para atingir um modelo considerado hegemónico de masculinidade.

Se a totalidade dos jovens que aderem a um tipo de masculinidade violenta constitui uma minoria (pouco mais de 1%), então devemos olhar para os restantes 99% que não aderem a este tipo de práticas como elementos centrais de construção das suas identidades. No Rio de Janeiro este tipo de trabalho está já a ser feito,[13] e são já conhecidos alguns factores que contribuem para a rejeição deste tipo de masculinidade. Para alguns, isso passa por projectar a identidade de ser um bom estudante, ser visto como muito tímido ou fraco, pertencer a um grupo religioso, ter fortes laços familiares, participar em projectos artísticos e culturais que lhes confiram estatuto social e a capacidade de auto-reflexão. Para Gary Barker (2008), quando consideradas globalmente, são as excepções que oferecem uma via de entrada para as propostas de transformação das ordens rígidas e violentas de género. Quando ouvidas e incluídas nos programas sociais e políticas públicas, as vozes de paz e resistência, geralmente invisibilizadas pela hiper-visibilização de masculinidades hegemónicas, têm o potencial de superar as versões rígidas, homofóbicas e violentas. No entanto, acrescentaria que estas masculinidades alternativas, que não se revêem no modelo masculino de base violenta, são muitas vezes interrompidas precocemente, na espiral de violência armada que afecta em particular os jovens do sexo masculino de comunidades mais pobres. Este tema, bem como os impactos da violência armada na vida de familiares de vítimas das armas de fogo, será analisado na última parte do livro.

---

[13] Destaca-se o trabalho desenvolvido pelo Instituto Promundo.

## 2. O feminismo, na confluência de novíssimas guerras e novíssimas pazes

> *I am tired of being the blood, the earth and the scream. I address the storyteller and those who have passed the tale down, written it down, recited and believed it. Is that all? I ask the storyteller. Where am I then? Do I have to be Abel if I don't want to be Cain? Is there no other way?[14]*
>
> DOROTHEE SÖLLE, 1982

### 2.1. *Feminilidades des-padronizadas da violência armada: as outras faces*

Sabemos que a violência armada tem vários rostos, se manifesta através de práticas diferenciadas (umas mais visíveis do que outras) e que os seus agentes/actores são múltiplos. E o facto de, no Rio de Janeiro (e no mundo inteiro), a percentagem de infractores ser muito superior à de infractoras, não deve servir como argumento para que se fechem os olhos e se marginalizem outras especificidades da criminalidade violenta armada. Olhar para o envolvimento de jovens do sexo feminino[15] e mulheres em práticas violentas contribui, de forma decisiva, para uma melhor e mais complexa compreensão da realidade e para o desenho de políticas e programas de prevenção e de resposta à violência armada eficazes.[16]

---

[14] Tradução livre da autora: Estou cansada de ser o sangue, a terra e o grito. Dirijo-me ao contador de histórias e àqueles que as transmitiram, que as escreveram, que as recitaram e que nelas acreditaram. Isso é tudo? pergunto. Onde estou eu, então? Tenho que ser Abel se não quiser ser Caim? Não há outro caminho?

[15] No Brasil, nos termos do art.º 2 do Estatuto da Criança e do Adolescente (ECA), considera-se criança, para efeitos desta lei, a pessoa até 12 anos de idade incompletos, e adolescente aquela entre 12 e 18 anos de idade. Assim, quando se menciona meninas e jovens do sexo feminino, adopta-se a distinção formal do ECA, ou seja, com idades compreendidas entre os 12 e os 18 anos.

[16] Para entender o envolvimento feminino na violência armada parti do levantamento e análise de estudos realizados sobre o tema (em particular o estudo realizado por Soares e Ilgenfritz, de 2002, sobre mulheres prisioneiras) e de dados estatísticos existentes sobre criminalidade feminina no município do Rio de Janeiro (Vara da Infância e da Juventude do Município do Rio de Janeiro – VIJ –, do Departamento Geral de Acções Sócio-Educativas – DEGASE – e dados da Penitenciária Talavera Bruce). No entanto, estes dados, para além de escassos, dão-nos apenas uma visão parcial da realidade e estão longe de nos revelarem a complexidade do envolvimento feminino na violência armada.

Neste contexto, tentei ouvir e entender subjectividades e singularidades desse envolvimento, através de entrevistas semiestruturadas, realizadas individual e colectivamente, *focus groups* e observação participante realizada ao longo do trabalho de campo da investigação.[17] Através desta análise, pretendi compreender as especificidades da participação ou envolvimento do sexo feminino na violência armada, lançando pistas para aprofundar a compreensão da complexidade deste fenómeno social. Acredito que apenas através deste (re)conhecimento se poderão desenhar medidas preventivas e de resposta adequadas à(s) realidade(s) feminina(s).

Se estabelecermos comparações entre o número de jovens do sexo masculino/homens detidos ou presos por envolvimento na violência armada e o número de jovens do sexo feminino/mulheres envolvidas, verificamos que os números absolutos da participação feminina são muitíssimo inferiores aos primeiros. A título de exemplo podemos referir que, em Dezembro de 2005, a população prisional masculina no Estado do Rio de Janeiro (em regime semiaberto e fechado) era de 15 063 homens, e a feminina de 787 mulheres (DEPEN, 2006); da qual, 12 536 homens e 779 mulheres se encontravam em regime fechado. Já o número de adolescentes do sexo masculino em conflito com a lei que passaram pela Vara da Infância e da Juventude do Rio de Janeiro foi de 4661, em 2001; 6232, em 2002; 4700, em 2003; e 5214, em 2004. Relativamente ao sexo feminino: 691, em 2001; 770, em 2002; 692, em 2003; e 889, em 2004. Segundo estes dados, o número de passagens de adolescentes do sexo feminino pela VIJ aumentou 28%, entre 2001 e 2004, tendo a passagem de adolescentes do sexo masculino aumentado 11% (tabelas 1 e 2). Em 2005, o quantitativo médio anual de adolescentes (do sexo masculino e feminino) em conflito com a lei, atendidos pelo Departamento Geral de Acções Sócio-Educativas (DEGASE[18]), no Rio de Janeiro, foi de 2300 jovens.

---

[17] Os resultados da análise qualitativa que apresento neste capítulo traduzem experiências de vida, opiniões e formas de olhar dos seguintes grupos de participantes: 35 presas da Penitenciária Talavera Bruce; vinte adolescentes do sexo feminino que cumpriam medida socioeducativa de internamento ou semiliberdade; dez jovens (sexo feminino e masculino) participantes de projectos sociais; profissionais que trabalham com adolescentes infractores e especialistas da área de segurança pública.

[18] No Estado do Rio de Janeiro, a execução das medidas socioeducativas, de liberdade assistida, semiliberdade e internamento está sob a alçada do Departamento Geral de Acções Sócio-Educativas – DEGASE –, vinculado à Secretaria de Direitos Humanos. Este departamento foi criado pelo Decreto n.º 1843 de 26/1/1993, com competência para

Deste total, 600 encontravam-se a cumprir medida socioeducativa de internamento, e 339 em semiliberdade. No caso de jovens do sexo feminino, verificamos que, deste total, 47 adolescentes cumpriam medida socioeducativa de internamento (Educandário Santos Dumont) e 20 cumpriam medida socioeducativa de semiliberdade (CRIAM Ricardo de Albuquerque).

TABELAS 1 E 2: Número de passagens de adolescentes pela VIJ[19]

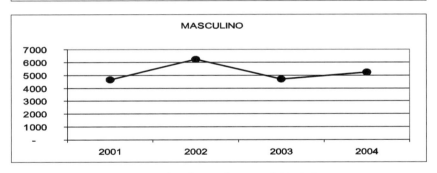

*Fonte*: Relatório Estatística da Vara da Infância e da Juventude/Capital
Período de 1/1/2001 a 31/12/2004.

---

prover, controlar e coordenar as acções associadas à execução de Medidas Socioeducativas referentes ao universo total do Estado do Rio de Janeiro.

[19] Apesar da Vara da Infância e da Juventude dispor de dados estatísticos referentes aos infractores, aos actos infraccionais praticados e às decisões promulgadas, poucos são os que são desagregados por sexo. As tabelas 1 e 2 constituem os únicos dados disponíveis em que é possível sabermos os sexos dos adolescentes.

NOVÍSSIMAS GUERRAS

Se optarmos por aproximar o olhar, e nos centrarmos no grupo que compõe a minoria – o sexo feminino –, conseguimos perceber algumas particularidades. Entre 1988 e 1999/2000, a população prisional feminina cresceu, no Estado do Rio, 132% em números absolutos, 36% a mais do que a masculina. Este acréscimo deveu-se, em grande medida, ao aumento do número de mulheres condenadas por posse, uso e tráfico de drogas (que passou de 36%, em 1988, para 56% em 2000). Não obstante, o total da população prisional feminina (633 mulheres) correspondia, em 2000, a apenas 3,7% do total da população prisional fluminense (Soares e Ilgenfritz, 2002).

Em 2004, e segundo dados do DEPEN (2006), esta percentagem alcançava os 5,8% (correspondendo a 1102 mulheres no sistema penitenciário do Rio de Janeiro, em regime fechado, semiaberto e provisório). Em 2005, e relativamente ao número de mulheres que cumpriam penas de prisão em regime fechado, verificamos que este número aumentou de 678 (em 2004) para 779 (em 2005).

Perante a escassez de dados sobre a tipologia de crimes praticados pela população prisional feminina do Rio de Janeiro, centro-me num universo mais reduzido, sobre o qual incidiu a minha investigação. Assim, constata-se que, em 2005, e segundo dados facultados pela Penitenciária Talavera Bruce,[20] das 310 mulheres que cumpriam pena na unidade, 55% tinham sido condenadas por delitos associados a drogas, 15% por roubo e furto, 11% por homicídio, 8% por sequestro e 11% por outros crimes. Dados de 2006 da mesma Penitenciária mostram-nos que o número de mulheres presas passou de 310 para 340, apesar deste aumento se dever, em grande parte, ao encerramento e consequente transferência de reclusas de outra unidade para Talavera Bruce. Das 340 mulheres que cumpriam pena em Talavera Bruce,[21] 56% encontravam-se condenadas por crimes associados ao tráfico (artigos 12, 14 e 16 da Lei n.º 6368, de 21 de Outubro de 1976), 25,6% por roubo, 6,9% por sequestro, 4,4% por homicídio, 3,5% por furto e a mesma percentagem por outros crimes.

Para efeitos desta investigação, foram solicitados dados sobre o porte e/ ou contacto com armas de fogo das mulheres presas na Penitenciária Talavera Bruce: das 340 reclusas desta Penitenciária, 55% nunca tinham tido contacto

---

[20] Dados sobre a população prisional da Penitenciária Talavera Bruce em 2 de Setembro de 2005.

[21] Dados sobre a população prisional da Penitenciária Talavera Bruce em 8 de Novembro de 2006.

com armas de fogo, 17% já tinham sido portadores de armas, e 28% tinham tido algum tipo de contacto (como agressora e/ou vítima) com armas de fogo. Ou seja, 45% das mulheres presas em Talavera Bruce tinham tido algum tipo de contacto com armas, ao longo da vida.

Relativamente ao envolvimento de adolescentes do sexo feminino na criminalidade violenta, no Rio de Janeiro, constatamos que os dados quantitativos existentes pouco nos ajudam a perceber a tipologia dos crimes cometidos por jovens mulheres, uma vez que tanto os dados da VIJ como do DEGASE não estão desagregados por sexo. Sabemos que no ano de 2005 o tráfico de drogas foi responsável pela passagem de 35% dos adolescentes (sexo masculino e feminino) pelo DEGASE, seguido de crimes contra o património – roubo e furto, com 29% e 17%, respectivamente – e 2% por porte de arma de fogo e homicídio.[22]

As entrevistas realizadas revelam-nos que, apesar de invisibilizadas pelas estatísticas, as mulheres e jovens do sexo feminino também se envolvem na criminalidade armada. Nas palavras de várias(os) entrevistadas(os), envolvem-se cada vez mais e, tendencialmente, cada vez mais cedo (aos 12 ou 13 anos). No entanto, as suas formas de envolvimento, por não caberem em categorias estabelecidas para o sexo masculino, são minimizadas ou passam despercebidas perante os olhares distraídos de quem só vê o lado visível deste cenário. De facto, e nas palavras de Soares e Ilgenfritz, perante este quadro de esquecimento,

> (...) não surpreende o facto das mulheres só serem lembradas quando participam de um crime de grande repercussão, que chega às manchetes de jornal. Nesses momentos, produz-se uma atmosfera sensacionalista em relação a uma suposta escalada da participação das mulheres no crime, até que a violência praticada por homens retorne à cena e elas voltem a ser novamente esquecidas (2002: 127).

No entanto, as práticas de violência (armada) com rosto feminino são variadas e são parte integrante do cenário da violência urbana armada vivida no Rio de Janeiro. Reconhecer estas particularidades e incluir as necessidades do sexo feminino nas políticas e programas de prevenção e resposta à violência armada constituem passos cruciais para a eficácia destas medidas.

---

[22] DEGASE, Assessoria técnica/Sector de Estatística.

Algumas análises sobre a construção de identidades em tempos de conflitos armados (Enloe, 1983; Pettman, 1996; Tickner, 1992, entre outras) alertam-nos para o facto de, nestes contextos, as diferenças entre homens (masculinidade) e mulheres (feminilidade) serem reforçadas de uma forma errónea, simplificando padrões de identidade: aos homens é atribuído um papel activo e as mulheres assumem papéis mais invisíveis, de *mero* apoio, na sua maioria na esfera privada.

No caso do Rio de Janeiro, esta tendência parece repetir-se. As representações e análises sobre o envolvimento de jovens do sexo feminino e de mulheres neste tipo de violência parecem resumir-se a uma de duas opções hipersexualizadas e muitas vezes apresentadas em pólos extremos: a primeira decorre de algum tipo de relacionamento com agentes masculinos da violência armada (namorada, mulher ou companheira); a segunda resulta de algum tipo de *desvio* de comportamento, que torna *inevitável* a comparação com comportamentos entendidos como masculinos. Por vezes misturadas: belas, armadas e perigosas. Os dois pólos oscilam entre o reconhecimento do papel de incentivo e a estranheza provocada por uma feminilidade agressiva e violenta, imediatamente categorizada e associada à masculinidade.

Estas são, contudo, representações simplistas e redutoras da possível participação de meninas e mulheres na violência armada no Rio de Janeiro. Estereotipar esses dois extremos tem efeitos perversos. Por um lado, resulta na invisibilização dos vários tipos de participação que se situam entre essas imagens. Por outro, obscurece e simplifica as características de várias formas de envolvimento, em particular a existência de articulações, acumulações e *continuuns* entre essas formas de envolvimento.

Para entendermos essas formas e características do envolvimento ou participação de meninas e mulheres na violência armada, especificamente a violência armada associada ao tráfico de drogas e a crimes de roubo (que constituem a maior percentagem de delitos praticados por mulheres e jovens do sexo feminino), é necessário *ampliar categorias* e ir além de padrões que foram criados para o (e em relação ao) sexo masculino. Ao longo das entrevistas realizadas no âmbito deste estudo tornou-se claro que a participação de meninas e mulheres na violência armada no Rio de Janeiro é heterogénea e condicionada por vários factores.

Por questões metodológicas e de facilidade de compreensão, optei por dividir os tipos de envolvimento feminino em três categorias: *1) incentivo à violência armada*; *2) papéis de base* nessa violência; e *3) participação directa* na violência armada. Cada uma destas categorias ou formas de participação de jovens do sexo feminino e mulheres tem expressões próprias e resulta de factores específicos. No entanto, essas especificidades e as motivações que levam a essa participação não são herméticas ou isoladas; combinam-se entre si, acumulam-se, e resultam em formas de envolvimento plurais e complexas.

Cabe ainda referir que nenhum(a) dos(as) participantes do estudo está identificado(a) nas citações das entrevistas. Os nomes das jovens que cumpriam medida socioeducativa de internamento e semiliberdade são fictícios, e foram escolhidos por elas.

### 2.1.1. O *glamour* da violência armada

Alguns estudos sobre o envolvimento de jovens do sexo masculino na violência armada, no Rio de Janeiro,[23] revelaram que a posse e/ou uso de armas de fogo está associada, frequentemente, a formas de obtenção de prestígio e *status* social, poder, dinheiro e mulheres. Ou seja, corresponde a um mecanismo de obtenção de reconhecimento social do qual o sexo feminino é um indicador e um barómetro essencial. Ao longo deste estudo, procurei entender estas formas de incentivo e legitimação da própria violência armada e, em particular, o que significam. Ou seja, saber em que práticas concretas se traduz, no caso específico de meninas e mulheres, esta *glamourização* ou incentivo à violência armada, e o que está subjacente a esta prática.

Pude constatar que, à semelhança do que acontece para o sexo masculino, e num cenário caracterizado pela invisibilização de jovens de classes sociais marginalizadas e por índices de desigualdade social gritantes, à *glamourização* e incentivo da violência armada subjaz a busca de uma determinada forma de reconhecimento social, em que os bens de consumo e o respeito aparentemente sentido por outros/as são elementos centrais.

> Mulher adora bandido! Nossa Senhora, fica até mais bonito!!! Fica lindo, fica mais poderoso... (...) Tem um cargo. As meninas estão muito desvalorizadas... Menina da favela não tem condição para bancar Gang, PXC... e bandido pode!
>
> (*Renata*, 17 anos, detida por tráfico de drogas)

> É um poder que elas pensam que têm sobre a vida de outras pessoas, acho que é mais isso... acho que pelo dinheiro também, que rola muito dinheiro nisso tudo. Tem muitas que falam que é por causa do dinheiro, que todo final de semana vão

---

[23] Por exemplo Barker (2005), Dowdney (2003) e Rivero (2005).

pra *shopping*, que têm roupas boas, não sei o quê, que não trabalham, que dependem daquele homem, acho que é mais por isso.

(Moradora da Rocinha, 27 anos)

Este tipo de incentivo, resultado da construção de uma feminilidade/identidade valorizada, não é, contudo, exclusivo de nenhum sector da sociedade,

Eu acho que é isso aí, sabe, tudo é... é a embriaguez do poder, do sucesso... as meninas acham que o cara que tá portando uma arma ele pode dar uma... uma posição pra ela de destaque... então que é que elas querem... elas vão atrás deles nos morros, nas favelas... até garotinha, né, da classe alta, classe média, classe média alta... elas vão à procura disso no morro, daquela posição com o cara, lá com aquela arma na mão, daquele poder que ele vai dar a ela.

(Reclusa, Penitenciária Talavera Bruce,
31 anos, condenada por tráfico de drogas)

O incentivo à violência armada passa, portanto, pela tentativa de construção de um tipo de feminilidade valorizada, reconhecida e visível, que é dependente, em grande medida, da existência e da promoção de uma masculinidade violenta e armada (e vice-versa). Ou seja, este reconhecimento social e a sensação de uma determinada noção de poder são, no caso do sexo feminino, determinados pela existência de um outro masculino (que faculta esse poder), e é tão duradouro quanto a presença deles nas suas vidas.

A tentativa de manutenção deste estatuto social ou visibilidade desdobra-se, no entanto, em formas específicas de envolvimento na espiral da violência armada. Por várias vezes as(os) entrevistadas(os) referiram que a participação de adolescentes e mulheres passa por *esconder drogas e armas*,

Eu tenho que guardar a arma do meu marido aqui na minha casa senão ele vai guardar a arma dele na casa de outra. E vai guardar mesmo, e não tem jeito...

(Moradora da Cidade de Deus, 28 anos)

Ou mesmo *trazer e levar informações*, como forma simbólica de comprovação de fidelidade e lealdade, quando o elemento masculino envolvido na violência armada tem que se esconder ou é preso.

Em síntese, a participação ou o envolvimento de meninas e mulheres na violência armada, através do incentivo a essa violência, pode traduzir-se por práticas específicas, que se vão naturalizando de forma subtil.

No entanto, nem todas as formas de participação feminina na violência armada são resultado ou expressões da *glamourização* das armas de fogo ou de incentivos à violência armada. E são precisamente essas (outras) formas de participação (e as motivações que lhes subjazem), que não se encaixam completamente em categorias preestabelecidas, que correm o risco de permanecer mais invisibilizadas e marginalizadas. Falamos dos *papéis de apoio, de base*, ou *hierarquicamente inferiores* na violência armada.

### 2.1.2. Feminilidades estrategicamente marginais:
### "As mulheres passam por cargueiras..."

É precisamente em papéis de apoio à violência armada (seja no tráfico, em sequestros, em roubos), considerados marginais e secundários, que se concentram maioritariamente os rostos femininos. Esta tendência não é, no entanto, exclusiva do Rio de Janeiro, é antes uma tendência antiga, à escala mundial, em contextos de conflito armado.

A distinção que aqui fazemos entre *papéis de incentivo* à violência armada (e as práticas que lhe aparecem associadas) e *papéis secundários* ou de *base* desta violência não pressupõe uma separação óbvia. Antes de elencar e analisar algumas das práticas integrantes destes papéis secundários, gostaria de sublinhar dois aspectos. Em primeiro lugar, referir que muitas jovens e mulheres que legitimam a violência armada (e que, por vezes, a incentivam) como estratégia indirecta de obtenção de reconhecimento se vêem, de um modo geral, envolvidas num ciclo de normalização e quotidianização da presença de armas de fogo e que, de forma fluida, passam a desempenhar alguns dos papéis que analiso em seguida (papéis secundários ou periféricos). Por outro lado, salientar que as motivações identificadas por jovens do sexo feminino para o envolvimento e participação nestes papéis periféricos se encontram na mesma linha dos factores subjacentes à *glamourização* da violência armada: a falta de expectativas, a exclusão social e uma perspectiva da violência armada como mecanismo para a obtenção de bens de consumo.

Nas entrevistas realizadas, o *transporte de armas de fogo e/ou drogas* surgiu como prática normalmente desempenhada ou atribuída a meninas e a mulheres. De facto, a participação feminina na estrutura do tráfico no Rio de Janeiro está associada, em grande medida, e de acordo com as entrevistadas, a funções de transporte – as denominadas *mulas* ou *cargueiras* – e venda ou *endolação* (preparação de pacotes individuais de droga).

A mulher passa por cargueiro. Leva os negócios para outra favela. Arma, droga, tudo! A maioria é mulher que leva as coisas para a favela. Agora ficar na favela vendendo tochas é difícil.

(Miriam, 16 anos, assalto à mão armada)

Já vi muita menina levar arma para o garoto, para ele roubar. Leva até ele, depois ele faz o assalto e depois entrega a ela para ela levar de volta para a favela.

(Beatriz, 17 anos, porte de arma e assalto à mão armada)

A "certeza" de que uma mulher só poderá ser revistada por outra mulher policial faz com que, frequentemente, as adolescentes e mulheres sejam as preferidas e as escolhidas para fazer o transporte de droga e armas de fogo de um local para outro, e que o façam com alguma "tranquilidade".

(Gabriela, 14 anos, tráfico, porte ilegal de arma e formação de quadrilha)

Porque para passar pelas batidas do BOPE só mulher. Foi momento de fraqueza. Eu ia dar só a arma e ia embora. E ia lá na favela dividir o dinheiro. Recebe meio meio... Sempre todo o bonde tem que ter mulher para carregar arma. Se der para ela ir embora, ela vai. Tem que ter mulher, porque passa mais batida. Eu passo por uma gobola, ele não pode tocar no meu corpo... Como estava na minha bolsa, ele pode revistar minha bolsa.

(Miriam, 16 anos, assalto à mão armada)

Podemos então perceber que a violência armada, como sistema, beneficia de invisibilidades e estereótipos. Como qualquer sistema de violência e, portanto, de tentativa de manutenção ou de reposição de poder, necessita de práticas discretas e silenciosas, que não levantem suspeitas ou denunciem mitos. Para existirem papéis principais, que detêm o poder, terão sempre que existir papéis de apoio, secundários, que garantam a sua sustentabilidade. Seja no tráfico de drogas, em roubos e assaltos, em sequestros, ou mesmo em violências de carácter micro ou privado.

Talvez por isso o envolvimento e participação directa de meninas ou mulheres na violência armada, ou o facto de elementos do sexo feminino recorrerem, na primeira pessoa, à arma de fogo como forma de alcançar um objectivo ou sair da invisibilidade, cause tanto desconforto e estranheza. E, uma vez mais, como se verá a seguir, há que ter em consideração que esta passagem – de actuação em papéis periféricos para papéis directos e principais – pode corresponder, em vários casos, a uma transição. Perante a ausência de resposta às necessidades ou motivos que levam o sexo feminino a ingressar na violência armada sob a forma de incentivo, e/ou de papéis secundários, agir de forma directa, armada, corresponde, em alguns casos, a uma tentativa de intensificar gritos mudos. Ou seja, assumindo (e por vezes herdando) papéis que tradicionalmente são desempenhados pelo sexo masculino, que lhes dão visibilidade e poder.[24]

### 2.1.3. "Estranhas" feminilidades: a participação directa

Quase inevitavelmente, quando o rosto da violência é feminino, é alvo de atenção, indignação e visibilidade (momentânea) mediática. Basta lembrarmo-nos de Lyndie England (a militar norte-americana acusada de torturar prisioneiros iraquianos na prisão de Abu Ghraib) ou das mulheres tchetchenas bombistas suicidas (viúvas negras), envolvidas nos ataques ao Teatro de Moscovo, em Outubro de 2002. Este rosto feminino da violência é considerado muito mais assustador e chocante, por não corresponder às representações tradicionalmente estabelecidas de masculinidade e de feminilidade. Estas mulheres assumem um papel destrutivo, em vez do habitual papel reprodutivo.

Imediatamente se procuram as causas destes actos *insanos*: patologiza-se o comportamento, considera-se sinónimo de desespero, e procuram-se argumentos que possam contribuir para explicar e minimizar o nosso desconforto e *desculpabilizá-las* pelos seus actos.

Raras vezes o debate passa pela análise das espirais ou dos *continuuns* de violências a que muitas jovens ou mulheres estão sujeitas, e trata-se o acontecimento como um caso isolado, como excepção, como algo esporádico. Este tipo de análise e interpretação está bem patente nas representações sobre a participação e o envolvimento de meninas e mulheres na violência armada, no Rio de Janeiro. As (normalmente esporádicas) expressões alarmistas e, muitas vezes, sensacionalistas, sobre a suposta escalada da criminalidade feminina, em especial decorrentes do envolvimento feminino, directo e mais visível, na violência armada, parecem não andar acompanhadas de debates mais aprofundados sobre os porquês destas práticas. Consequentemente, não se

---

[24] Nas histórias recolhidas por MV Bill e Celso Athayde em *Falcão: mulheres e o tráfico* (2007), Rio de Janeiro: Objetiva, sobre a participação de mulheres no tráfico de droga em várias cidades brasileiras, estes *continuuns* são frequentemente relatados.

pensam respostas de prevenção e redução deste tipo de actuação adequadas às necessidades destas meninas e mulheres.

As entrevistas realizadas revelaram que, apesar de constituírem uma minoria, meninas e mulheres também participam, de forma mais directa, na violência armada.

> Eu era soldado contenção. Aprendi a mexer com armas. E isso é raro? É muito difícil. Mas só eu mesmo é que usava peça. Só homens. As meninas era vapor. Várias vezes troquei tiro com policial. Sempre trabalhei como soldado à noite. Aí, eu ganhei confiança e fiquei vapor. Aí, meu dia era o domingo. A arma era a da boca, o meu caso era diferente. Aí me dava vários fuzil, Hugo, pistola, H8...
>
> (*Monique*, 18 anos, homicídio)

Neste tipo de envolvimento incluem-se jovens do sexo feminino e mulheres que ocupam papéis considerados mais centrais na hierarquia do tráfico (que andam com e/ou usam armas de fogo nas suas funções), em assaltos, ou que são protagonistas em casos de homicídio. No entanto, tornou-se claro que, na maioria dos casos, o envolvimento directo correspondia a uma expressão mais visível, ou a uma prática mais acentuada, de outros tipos de envolvimento (incentivo, papéis secundários), que se foram acumulando, em *continuum*. A citação que se segue, de uma reclusa da Penitenciária Talavera Bruce, constitui um claro exemplo disso:

> Eu tinha dezoito anos (e comecei a namorar um traficante)... aí eu gostei do sucesso que a droga me proporcionava... eu ia nas festas... a festa só começava quando eu chegava, né... A vida era boa... Ah poder, poder... a droga me deu muito poder. Eu manipulava a mente das pessoas, entendeu... todo o mundo fazia o que eu queria, porque eu tinha o que eles queria... então eu manipulava... eu era a bam bam bam... todo o mundo tinha que fazer o que eu queria. (...) ele me levou só pra lugar bonito... traficava só pra artistas... ia pró camarim e fui me empolgando, me empolgando... aí ele foi morar na Bahia, aí me deixou no lugar dele aqui pra abastecer né... ...Hoje elas estão também preocupadas, também querendo ser a bam bam bam...
>
> (Reclusa, Penitenciária Talavera Bruce, 48 anos,
> ex-traficante, condenada por homicídio)

Finalmente, queria salientar que, em algumas entrevistas, a violência armada constituiu uma forma de reacção a outros tipos de violências, acumuladas. Falamos em específico de homicídios – a expressão mais visível das violências – motivados pela acumulação de abusos físicos e psicológicos, de violências estruturais e culturais, perpetradas ao longo de anos, em particular por pessoas com quem essas mulheres mantinham um relacionamento próximo (marido, companheiro, ex-companheiro, namorado...). Foi o caso da entrevistada acima citada, condenada por homicídio.

As motivações apresentadas para o envolvimento (de tipos distintos) na violência armada diferem entre jovens do sexo feminino e mulheres. Para as primeiras predomina a busca de reconhecimento social (espelhada na possibilidade de obter respeito e ter acesso a determinados bens de consumo e/ou drogas), o sentimento de pertença (perante cenários de exclusão e de desestruturação familiar e maus-tratos) e a sensação de adrenalina. Já para as mulheres a justificativa passa, frequentemente, pela tentativa de satisfazer necessidades básicas e de sustentar as suas famílias, especialmente quando estavam desempregadas. Não quero, com esta classificação, estabelecer nenhuma hierarquia de motivações entre meninas e mulheres (considerando as primeiras mais *superficiais* e as segundas como mais *legítimas*). Neste sentido, vale ressaltar que apesar de distintas, estas motivações resultam de relações de poder a que meninas e mulheres estão expostas, e de expectativas sociais frequentemente impostas, tanto ao sexo masculino como ao sexo feminino, como condições de valorização dentro de um determinado grupo social.

A maternidade surgiu, em várias entrevistas, tanto como um factor causal ou de continuidade do envolvimento de jovens e/ou mulheres na violência armada como de mudança de comportamento. Por um lado, o envolvimento na criminalidade e na violência armada surgia como uma forma de se *dar o que não se teve*. Por outro, a maternidade surgiu como um factor que influenciou a mudança de valores e de comportamentos. Meninas e mulheres podiam ter incentivado o uso de armas, podiam ter assumido papéis periféricos na criminalidade armada, podiam mesmo ter desempenhado papéis mais directos. Mas perante a consciência dos riscos e inseguranças, desejavam para os seus filhos ou filhas uma vida diferente, e *mais duradoura*.

Verificou-se um padrão nas respostas relativamente ao aumento do envolvimento de meninas e mulheres "no crime" (no tráfico de drogas e em assaltos). As opiniões foram unânimes em afirmar que há cada vez mais meninas e mulheres envolvidas (de várias formas); que esse envolvimento começa cada vez mais cedo; e que "antes as coisas eram diferentes": não havia (e não viam) tantas armas de fogo, era mais difícil conseguir uma arma, eram muito menos avançadas tecnologicamente, e não se viam crianças/adolescentes no tráfico/crime.

## 2.2. *Vítimas da invisibilidade: impactos diferenciados das armas de fogo na vida de mulheres e jovens do sexo feminino*

Sobre as mulheres recai o peso histórico de um estereótipo que as representa como seres indefesos, carentes de protecção. Esse olhar, que cristaliza a figura da mulher-vítima, esquece todos os demais papéis que as mulheres desempenham em contextos de violência armada. Mas, por outro lado, esse mito da protecção é responsável, ele próprio, pela sujeição das mulheres à (ameaça da) violência daqueles que seriam os supostos protectores. Trata-se, portanto, de um pensamento traiçoeiro.

A análise feminista sobre sistemas violentos ou de guerra denuncia os elementos ideológicos que lhes subjazem, mostrando a sua dependência de uma hierarquia sexual de valores. Ou seja, a hegemonia ou dominação pressupõe a manutenção do poder, que por sua vez pressupõe a naturalização e a normalidade das relações de poder. Ao mesmo tempo, a construção de estereótipos legitimadores desse sistema de guerra ou de violência assenta em dicotomias ou em binómios que se constroem como negação ou oposição: paz e violência, feminilidade e masculinidade, esfera privada e esfera pública, etc. A associação entre masculinidade e violência depende de, e tem como contraponto, uma feminilidade desvalorizada, passiva, que necessita de protecção, e por isso mesmo tudo o que deslegitime esta dicotomia tende a ser silenciado e ocultado.

Como já referi anteriormente, este tipo de abordagem naturaliza comportamentos socialmente construídos e reproduz dicotomias que reforçam a subordinação das mulheres, tornando invisíveis experiências de mulheres e homens que, por não se coadunarem com os papéis atribuídos segundo o sexo, são ignoradas. Mais do que isso, ficcionando uma espécie de função social *natural* de protecção desempenhada pelos homens, esta divisão passa ao lado de uma realidade fundamental: a de que são precisamente os *protectores* que constituem a principal fonte de ameaça das *protegidas*.

A análise sobre os impactos da violência armada na vida de homens e mulheres no Rio de Janeiro revela as contradições e incoerências das construções dicotómicas e estereotipadas sobre vítimas vulneráveis *versus* agressores. Os homens são rotulados como os principais perpetradores deste tipo de violência, e por isso fecham-se os olhos às várias formas de envolvimento do sexo feminino na violência armada. Simultaneamente, são também os homens, em particular os jovens, os que mais morrem em consequência do uso de armas de fogo. Por outro lado, no Rio de Janeiro, no Brasil e em todo o mundo, são as mulheres as principais afectadas pela violência intrafamiliar. No entanto, porque estas práticas violentas ocorrem na esfera privada, no nível micro, são deixadas de fora nas análises macro sobre violência armada. Ainda que seja justamente nesse espaço que ocorre o maior número de agressões, ameaças e mortes de mulheres por armas de fogo.

Neste ponto pretendo analisar os vários impactos que a violência armada pode ter na vida de mulheres e meninas – que não constituem nem a maioria dos agentes da violência nem das suas vítimas directas. Para além dos impactos visíveis e directos – como as mortes e lesões por armas de fogo – incluo outros impactos decorrentes da proliferação e utilização de armas de fogo, como a arma enquanto fonte e instrumento de ameaça em situações de violência intrafamiliar.[25]

### 2.2.1. Impactos directos: a destruição dos corpos

Os dados estatísticos existentes (Ministério da Saúde[26] e criminais) permitem-nos analisar os impactos directos e visíveis da violência armada no Rio de Janeiro, ou seja, as mortes e ferimentos por armas de fogo. No entanto, e como já referimos, a apresentação destes dados, muitas vezes feita em termos comparativos, tem sido utilizada para mostrar que mulheres e meninas pouco são afectadas pela violência armada no Brasil: os homens constituem a maioria das mortes por armas de fogo (91%) e das hospitalizações resultantes de ferimentos com estas mesmas armas (90%), segundo dados do Ministério da Saúde de 2004.

Esta comparação tem uma dupla consequência: por um lado, marginaliza as especificidades dos impactos directos das armas de fogo na vida de mulheres e meninas; por outro lado, dá-nos apenas uma visão parcial sobre os verdadeiros impactos da violência armada na vida destes grupos, que pode ir muito além das mortes e ferimentos. Falamos da utilização da arma de fogo como instrumento de ameaça, em contextos de relações de poder já desiguais, e em particular em situações de violência intrafamiliar.

---

[25] Para tal baseei-me em estudos e dados estatísticos existentes, na análise de depoimentos recolhidos ao longo da investigação e na análise de um questionário aplicado em oito das nove Delegacias de Atendimento Especial à Mulher (DEAM) da Região Metropolitana do Estado do Rio de Janeiro (ver anexo).

[26] Os dados estão desagregados por sexo e revelam as taxas de morte e de hospitalização por idade, local, causa de morte ou ferimentos, instrumento usado e outras variáveis. Os dados são recolhidos pelo Ministério da Saúde em dois sistemas, o Sistema de Informações sobre Mortalidade (SIM) e o Sistema de Informações sobre Hospitalizações (SIH).

O Brasil tem uma das mais altas taxas de mortes por armas de fogo no mundo: em 2002, esta taxa foi de cerca de 22 por 100 000 residentes. No mesmo ano, 90% das mortes por armas de fogo foram homicídios. A esmagadora maioria dessas mortes ocorre entre jovens de sexo masculino, como se pode constatar pelo gráfico 1, sobre o perfil das vítimas fatais da violência armada, por sexo e idade, em 2002.

A taxa de mortalidade entre a população do sexo masculino no Brasil é quase 17 vezes superior à verificada entre o sexo feminino. Uma vez mais, e à semelhança do que acontece com os dados e análises sobre autores da violência armada, esta enorme desproporcionalidade e hipervisibilização, que tem sido mostrada e utilizada através de gráficos similares, tem pautado agendas de investigação e políticas no mundo inteiro.

GRÁFICO 1: Taxa de mortes por armas de fogo, por sexo e idade, Brasil, 2002

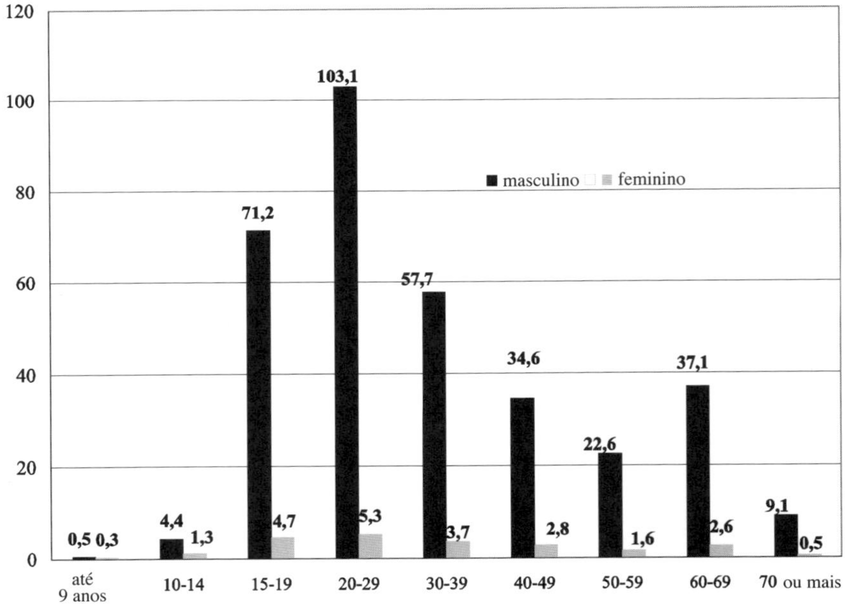

*Fonte*: ISER, 2005

É necessário, portanto, centrarmo-nos na análise de dados sobre mortes e ferimentos com armas de fogo *entre* o sexo feminino, em vez de nos centrarmos na *comparação entre mulheres e homens.* Entender as várias formas como

VELHÍSSIMAS GUERRAS SEXUADAS, NOVÍSSIMAS GUERRAS ARMADAS: O CASO DO RIO DE JANEIRO   135

se manifesta a violência armada, no Rio de Janeiro, no Brasil ou no mundo, constitui um elemento central para responder aos problemas decorrentes da proliferação e (mau) uso de armas de fogo.

Um dos poucos estudos existentes centrados especificamente na *mortalidade feminina* mostra que, no Brasil, as taxas de mortalidade por causas externas aumentaram no período compreendido entre 1979 e 1999. O acréscimo deveu-se, em particular, ao aumento do número de homicídios, já que outros tipos de mortes violentas (acidentes de trânsito, quedas, afogamento, suicídios e lesões ignoradas) pouco aumentaram ou diminuíram, neste período.

TABELA 3: Mortalidade feminina por causas externas, Brasil 1979/81 e 1997/99

|  | 1979/81 N = 14 059 | 1997/99 N = 20 694 |
|---|---|---|
| Acidentes de trânsito | 32,6% | 32,5% |
| Lesões ignoradas | 19,0% | 9,4% |
| Outras causas | 17,2% | 19,2% |
| Homicídios | 9,6% | 17,7% |
| Suicídios | 8,2% | 6,8% |
| Afogamento | 7,6% | 8,2% |
| Quedas | 5,8% | 6,2% |
|  | 100,0% | 100,0% |

*Fonte*: Reis *et al.* (2001)

No entanto, convém ressaltar que, ao longo dos anos 1980, vários homicídios foram classificados como "lesões ignoradas", por não haver o registo sobre a intencionalidade das lesões. A melhoria na recolha de dados verificada ao longo dos anos 1990 pode ter contribuído para visibilizar homicídios que estavam anteriormente classificados como lesões ignoradas (fazendo com que, consequentemente, a percentagem de lesões ignoradas decaísse), revelando um panorama mais aproximado da realidade. Este exemplo ilustra como a recolha de dados pode ser contaminada e influenciada por um viés de género: assumindo que a morte de uma mulher pelo seu parceiro possa ser

não intencional, ou revelando uma falta de interesse em categorizar correcta-
mente mortes de mulheres, por serem considerados dados menos prioritários
ou relevantes.

Em 1999, e ainda de acordo com a mesma pesquisa, as armas de fogo foram
o instrumento utilizado na maioria (50,1%) dos homicídios de mulheres. Ou
seja, *foram mortas mais mulheres com armas de fogo do que em resultado de todos os
outros métodos de homicídio reunidos* (estrangulamento, objecto cortante, agressões físicas, etc.). A faixa etária mais afectada por mortes com armas de fogo
foi a dos 10-19 anos, seguida da dos 20-29 anos.

TABELA 4: Homicídio feminino por tipo de arma usada, Brasil, 1999

| Idade | 0-9 | 10-19 | 20-29 | 30-39 | 40-49 | 50-59 | 60+ | Total |
|---|---|---|---|---|---|---|---|---|
| **Tipo** | N = 120 | N = 678 | N = 1009 | N = 833 | N = 449 | N = 159 | N = 185 | N = 3433 |
| **Armas de fogo** | 27,5 | 57,7 | 54 | 48,6 | 49,9 | 44,7 | 27,6 | 50,1 |
| **Objecto cortante** | 20,8 | 18,4 | 24,4 | 30 | 29,2 | 30,2 | 36,8 | 26 |
| **Estrangulamento** | 14,2 | 4,1 | 3,4 | 4,2 | 2,4 | 6,9 | 5,9 | 4,3 |
| **Agress. Físicas** | 5 | 1,2 | 0,9 | 0,5 | 0,9 | 1,9 | 1,1 | 1 |
| Não especificada | 18,3 | 16,7 | 16 | 14,4 | 15,8 | 15,7 | 22,7 | 16,2 |
| **Outros tipos** | 14,2 | 1,9 | 1,3 | 2,3 | 1,8 | 0,6 | 5,9 | 2,4 |
| | 100,0 | 100,0 | 100,0 | 100,0 | 100,0 | 100,0 | 100,0 | 100,0 |

*Fonte*: Reis *et al.* (2001)

Já em 2002, no Brasil, 42% das mulheres vítimas de homicídios foram mortas com armas de fogo. Focando apenas nas capitais brasileiras, essa percentagem sobe para 44,4%. Em 2004, o ano mais recente sobre o qual temos
dados, a taxa de mortalidade feminina por armas de fogo na cidade do Rio de
Janeiro foi de 4,8 por 100 000 habitantes – quase o dobro da taxa nacional
feminina (2,5 por 100 000 habitantes). O Rio tem a sexta taxa mais elevada de
mortalidade feminina por armas de fogo, logo depois do Recife, Vitória, Belo
Horizonte, Cuiabá e Florianópolis.

A Tabela 5 mostra as capitais brasileiras com as dez mais elevadas taxas de
mortes femininas e masculinas por armas de fogo.

# VELHÍSSIMAS GUERRAS SEXUADAS, NOVÍSSIMAS GUERRAS ARMADAS: O CASO DO RIO DE JANEIRO

TABELA 5: Taxa de mortalidade por PAF[27] na população feminina (PF) e na masculina (PM), 2004

| Capitais brasileiras | (PF) | (PM) |
|---|---|---|
| Recife | 8,9 | 113,6 |
| Vitória | 7,0 | 97,2 |
| Belo Horizonte | 6,2 | 91,7 |
| Cuiabá | 5,7 | 57,9 |
| Florianópolis | 5,1 | |
| Rio de Janeiro | 4,8 | 90,6 |
| Porto Velho | 3,8 | 67,3 |
| Porto Alegre | 3,6 | 54,2 |
| Maceió | 3,3 | 92,5 |
| São Paulo | 3,0 | |
| Salvador | | 64,1 |
| Curitiba | | 52,4 |

*Fonte*: ISER (2005), com dados do Sistema de Informações sobre Mortalidade (SIM) do Datasus/Ministério de Saúde, 2004

Da leitura destas tabelas podemos constatar que algumas cidades são mais violentas para mulheres do que para homens, por exemplo, Porto Alegre e Cuiabá. É interessante notar que estas cidades se situam em estados com as mais altas concentrações de armas de fogo (entre 40 e 93,3 por 100 domicílios) em mãos de particulares do país. Florianópolis, a cidade que mais se destaca pela notável diferença no *ranking* entre os sexos – a quinta taxa mais alta de mortes por armas de fogo para mulheres e a décima sexta para homens –, fica num Estado com um elevadíssimo número de armas de fogo em mãos de particulares, incluindo armas legais e ilegais.

Para muitas mulheres, o agressor é um conhecido. Mundialmente, 40% a 70% de homicídios de mulheres são cometidos pelo parceiro íntimo. O Rio

---

[27] Projéctil de arma de fogo.

de Janeiro não é excepção a esse padrão. Em homicídios e tentativas de homicídios com armas de fogo, mais da metade das mulheres vítimas (53%) conheciam seu agressor. E mais de um terço (37%) dessas mulheres tinha uma relação amorosa com seu agressor. No entanto, as falhas na recolha de dados impedem-nos de saber onde ocorre a maioria dos homicídios de mulheres. Dados existentes para o ano de 2002 no Estado do Rio de Janeiro (ISER, 2005) mostram o seguinte:

TABELA 6: Local de morte por PAF

|  | Hospital | Ruas | Casa | Outro | Ignorado | **Total** |
|---|---|---|---|---|---|---|
| Rio de Janeiro | 96 | 0 | 62 | 207 | 36 | **401** |

O elevado número de mortes em que o local da ocorrência foi ignorado ou classificado como "outro" (60% do total) frustra os esforços de análise. Para além disso, quando a morte ocorre no hospital, ficamos igualmente sem saber qual o local de ocorrência da violência.

Pelos dados apresentados podemos, no entanto, afirmar que apesar de o *porte* de armas ter sido proibido, para a maioria dos cidadãos brasileiros, pelo Estatuto do Desarmamento (Lei n.º 10 826, de 2003), a presença de uma arma em casa – seja legal ou ilegal – continua a significar uma fonte de ameaça e de insegurança real para as mulheres.

Neste contexto, há que desafiar o argumento de que somente os mercados ilegais devem ser controlados, porque as armas legais pertencem aos considerados *cidadãos de bem*. É esquecido, ou ocultado, que o *cidadão de bem* com uma arma na mão pode facilmente tornar-se um *cidadão do mal* ou um criminoso. Ao mesmo tempo, há que ter em conta que as armas legais podem facilmente ser roubadas, perdidas, ou revendidas a outras pessoas que as podem utilizar para cometer crimes violentos. Um estudo da Secretaria de Segurança Pública revelou que armas de fogo que em tempos tinham sido legais foram usadas na maioria dos crimes, no Rio de Janeiro. Mas, em particular, este estudo revelou que a maioria dos crimes cometidos com armas outrora legais tiveram como vítimas mulheres: 67% das violações sexuais com recurso à arma de fogo foram perpetradas com armas que em tempos tinham sido legalmente compradas e registadas, em comparação com 58% dos casos de homicídios com armas de fogo ou 32% de sequestros armados. Convém aqui relembrar que, como defendem Bandeira e Bourgois (2005), frequentemente o perigo ou o inimigo dormem ao lado, e a maior parte das lesões corporais dolosas e/ou homicídios de mulheres são cometidos por conhecidos dessas mulheres.

Em 2004, no Estado do Rio de Janeiro, 327 mulheres e meninas foram mortas com armas de fogo, e outras 198 foram hospitalizadas por lesões causadas por armas de fogo (ISER, 2005). No Rio, tal como no Brasil, os registos de mortes por armas de fogo são bastante mais elevados do que os ferimentos, revelando a letalidade da violência armada. Porém, é interessante notar que a proporção de mulheres feridas com armas de fogo (9,5%) é superior à proporção das mulheres que morrem em virtude das mesmas armas (5,4%).

TABELA 7: Lesões e mortes PAF

| Estado do Rio de Janeiro | | | | |
|---|---|---|---|---|
| | Masculino | Feminino | Total | Feminino % total |
| Lesões PAF | 1886 | 198 | 2084 | 9,5% |
| Mortes PAF | 5743 | 327 | 6070 | 5,4% |

Um estudo de Phebo (2005) mostra que os ferimentos por armas de fogo requerem um período de internamento maior e acarretam mais custos para o sistema de saúde pública do que outros tipos de lesões, como as resultantes de acidentes de trânsito: o custo médio de um atendimento pelo Sistema Único de Saúde (SUS) é de R$ 380, enquanto as lesões provocadas por armas de fogo necessitam de um internamento médio de sete dias no hospital e custam uma média de R$ 5564 por paciente. Deste modo, para além de serem os instrumentos mais letais, as armas de fogo são também as que mais problemas acarretam ao sistema de saúde nacional.

Por outro lado, as taxas de mortalidade provocadas por armas de fogo resultam no aumento da desproporcionalidade entre o número de homens e mulheres no Brasil, especialmente nos estados com maiores índices de violência. Segundo dados do Instituto Brasileiro de Geografia e Estatística[28] (IBGE), no Estado do Rio de Janeiro, a esperança média de vida para o sexo

---

[28] IBGE, Síntese dos Indicadores Sociais, 2003.

masculino é de 62 anos, e para o sexo feminino, 74 anos. Ou seja, para cada 100 mulheres existem 87 homens.

### 2.2.2. Para além dos corpos, a destruição das vidas

Como já foi referido, as práticas violentas estão presentes em todas as esferas da sociedade, em várias escalas, e não se manifestam apenas na esfera pública. A violência intrafamiliar, que afecta desproporcionalmente o sexo feminino, e que ocorre na esfera privada, em tempo de guerra e em tempo de "paz", faz parte de uma cultura que normaliza, naturaliza, privatiza e invisibiliza estas práticas. E frequentemente este tipo de violência tem na arma de fogo um instrumento de coerção, intimidação, ameaça, que pode vir a ser letal.

Vale insistir que apesar dos inúmeros estudos e de alguns mecanismos e organizações existentes, no Rio de Janeiro e no Brasil, para lidar com o problema da violência contra a mulher, que se centram especialmente na violência doméstica, a questão da violência armada e do papel das armas de fogo como factor de risco e ameaça para as mulheres não tem sido uma preocupação central nas abordagens ao tema. As páginas que se seguem são dedicadas à análise de silêncios e ausências, ou seja, daquilo que os dados não nos têm mostrado.

A hipervisibilidade conferida às mortes e ferimentos por armas de fogo no Brasil, e no Rio de Janeiro especificamente, tem pautado as análises e respostas ao problema da violência urbana no país e na cidade. No entanto, estas manifestações mais visíveis da violência perpetrada com armas de fogo – as mortes e os ferimentos, ou os chamados impactos directos – constituem expressões extremas de um *continuum* de outras formas de violência, que têm sido secundarizadas nas análises sobre a violência armada (as suas formas, as suas vítimas e os seus actores) no Rio de Janeiro, e que afectam de forma específica meninas e mulheres.

Ao centrarmos a análise nos impactos (diferenciados) das armas de fogo na vida das mulheres, rapidamente nos apercebemos de *continuums* e de transversalidades da violência armada. Facilmente entendemos que comportamentos violentos que são (hiper)visibilizados na esfera pública, e que captam grande parte da atenção e esforços dos decisores políticos e de políticas de segurança (pública), cruzam escalas e se manifestam, também, de forma violenta, a uma escala micro.

A esfera doméstica, considerada privada e portanto "esquecida" nos debates sobre (in)segurança pública, é frequentemente palco de "guerras" e de terror para grande parte da população, em especial para as mulheres. E não nos referimos apenas às mortes e ferimentos de meninas e mulheres provocados por armas de fogo, mas também à função da arma como fonte de ameaça e como instrumento de reforço das desigualdades de poder.

Ou seja, entender que a violência armada tem outros rostos e vítimas (que são invisíveis hoje, mas que podem vir a tornar-se directas e visíveis amanhã) e se manifesta também a uma escala micro pode contribuir para a redução do número de mortos(as) e feridos(as) no contexto do Rio de Janeiro, no Brasil e no mundo.

De acordo com um estudo levado a cabo pela Fundação Perseu Abramo,[29] a cada 20 segundos uma mulher tem a sua integridade física ameaçada com uma arma de fogo, no Brasil. Entre Setembro e Outubro de 2005 foi realizado um estudo piloto em oito das nove Delegacias Especiais de Atendimento à Mulher, na qual foram preenchidos 615 questionários, espontaneamente, por mulheres denunciantes de violência (numa parceria entre o Centro de Estudos Sociais da Faculdade de Economia da Universidade de Coimbra, a ONG brasileira Viva Rio, e o Centro de Estudos de Segurança e Cidadania da Universidade Cândido Mendes, Rio de Janeiro). Apesar de ser um estudo piloto, de forma alguma generalizável, acredito que nos revela especificidades importantes da violência que se manifesta a uma escala micro, contra mulheres. Em primeiro lugar, denuncia a permeabilidade das fronteiras, mostrando que as armas de fogo constituem uma fonte de ameaça e de medo não só na esfera pública e visível, mas também em espaços considerados seguros, como a esfera privada. Em segundo lugar, revela articulações entre duas formas de violência que geralmente se debatem e se pensam de forma independente e hermética: a violência doméstica e a violência armada.

Do total das mulheres que preencheram o questionário, 60,3% tinham sido agredidas pelos seus parceiros íntimos ou ex-parceiros (maridos, namorados, companheiros), e 70,2% afirmaram ser a favor da proibição da venda de armas no Brasil. Entre as que sabiam que o agressor tinha uma arma de fogo e as que afirmaram não saber, 68,5% responderam que já tinham sido ameaçadas de alguma forma com a arma. Houve 73% que referiram ainda que a presença da arma as impedia de reagir física ou verbalmente à violência, sendo que 68% afirmaram que gostariam de colocar um fim na relação com o

---

[29] Investigação nacional sobre mulheres, realizada em 2001 pelo Núcleo de Opinião Pública da Fundação Perseu Abramo, «A mulher brasileira nos espaços público e privado», disponível em: <http://www.fpa.org.br/nop/mulleres/violencia.htm#V>.

agressor, mas que não o faziam porque temiam ser agredidas com a arma. De especial importância é a percentagem de denunciantes que afirmou *não saber* se o parceiro íntimo tinha uma arma em casa (24,6% do total dos casos). Não saber significa ter que lidar com essa dúvida e, portanto, com a iminência da descoberta da sua existência. E significa que, acima de tudo, para manter e perpetuar uma relação de dominação e de poder, a arma não tem necessariamente que ser usada, ou mesmo vista.

Reconhecer e colocar no centro das prioridades e da agenda pública este problema significa ter em conta inseguranças reais que, apesar de menos visíveis, pela sua escala e actores, são sentidas por uma elevada percentagem da sociedade carioca, brasileira e mundial.

### 2.3. *Feminilidades colectivas e partilhadas: sobreviventes da violência armada*[30]

A violência armada marca, de forma diferenciada, a vida da população, e vai muito além de estatísticas oficiais sobre mortes e ferimentos com armas de fogo, reveladores dos impactos mais directos dessa violência. Nas espirais e *continuuns* da violência armada que se manifestam internacionalmente e que se expressam de forma localizada no Rio de Janeiro, aquele(a) que morre não constitui a única vítima (Moura, 2007).

Ao longo dos últimos vinte anos houve, em média, no Rio de Janeiro, 6,5 mortes diárias por armas de fogo.[31] Mas temos que relembrar que cada morte arrasta consigo a dor de quem fica, afectando especialmente a família e amigos(as).

O estudo de Soares *et al.* (2006) revelou dados importantes sobre as chamadas vítimas secundárias, indirectas ou ocultas da violência urbana. No período compreendido entre os anos de 1979 e 2001, estima-se que entre 300 000 e

---

[30] O trabalho de investigação com o grupo de familiars de vítimas de massacres policiais, no Rio de Janeiro, teve início em Novembro de 2005, no âmbito do projecto de investigação-acção "Mulheres e meninas em contextos de violência armada. Um estudo de caso sobre o Rio de Janeiro", uma parceria entre o CES e a ONG Viva Rio. Posteriormente, em 2007, este projecto deu origem ao projecto de intervenção "Programa de apoio a familiares de vítimas de chacinas no Rio de Janeiro", uma parceria entre o CES e o CESeC, que está ainda em curso. Este capítulo resulta dessas duas iniciativas, e em especial do trabalho conjunto levado a cabo por Bárbara Soares, Carla Afonso, Marco Aurélio Martins, Mércia Britto, Renata Lira, Carlos Martín Beristain e Tatiana Moura.

[31] Cálculos baseados em dados oficiais do Ministério da Saúde (Datasus): 47 171 mortes por armas de fogo na cidade do Rio de Janeiro, entre 1982 e 2002.

600 000 pessoas tenham sobrevivido[32] a mortes violentas na cidade do Rio de Janeiro. São essas pessoas, as que ficam, que continuam a ter que lidar com os ciclos da violência.

Os massacres e execuções sumárias, com origens no período da ditadura militar,[33] constituem expressões extremas, visíveis e frequentes, até aos dias de hoje, da violência armada no Rio de Janeiro. E se, no passado, constituíram, nas palavras de José Cláudio Souza Alves (2006: 16), a referência da demarcação da fronteira entre o mundo civilizado e a barbárie, separando a cidade do Rio de Janeiro da Baixada Fluminense, actualmente, disseminam-se territorialmente, fugindo dos seus limites espaciais e passando a fazer parte da realidade carioca. E a esta disseminação geográfica corresponde a disseminação da destruição e ruptura de laços e de outras vidas.

Apesar de homens, mulheres e jovens de ambos os sexos fazerem parte dos números trágicos das execuções sumárias no Rio, são os jovens do sexo masculino, negros, de comunidades pobres, os principais alvos destas práticas. Os corpos enfileirados em Vigário Geral, o massacre da Candelária, as 29 vítimas de Nova Iguaçu e Queimados, os assassinatos no morro do Borel, os onze desaparecidos/as de Acari, ou o espancamento e morte dos quatro jovens do "Via Show", em São João de Meriti, incorporaram-se, irremediavelmente, na história do Rio de Janeiro. Filhos(as), maridos, esposas, pais e/ou amigos de alguém. Não obstante, para as pessoas que vivem este drama de perto, os acontecimentos não terminam nem se encerram na tragédia das mortes colectivas ou individuais. Os seus efeitos perpetuam-se e desdobram-se noutros *continuuns* de violências, no quotidiano de quem fica, seja pela dor, pelo medo, pela humilhação, pela impotência, pela desorientação ou pelas incontáveis dificuldades experimentadas nas trajectórias que se iniciam apenas quando os factos começam a desaparecer dos noticiários.

A visibilidade destas mortes é passageira. De facto, após a perda, quem sobrevive é remetido à condição de invisibilidade. Regra geral são as mães – por vezes irmãs e esposas –, mais raramente pais e irmãos, que iniciam o percurso pelos caminhos da justiça, na esperança de resgatar algum sentido

---

[32] *Sobreviventes*, neste estudo, diz respeito a quem sobreviveu a morte(s) de outro (familiar) e não a pessoas que tenham sobrevivido a um ferimento provocado por armas de fogo.

[33] Quando se formaram os grupos de extermínio, na Baixada Fluminense, com a participação directa e indirecta de agentes policiais e o aval de comerciantes, empresários e grupos políticos locais (Alves, 2006).

do que lhes resta e no esforço, nem sempre compensado, de lutar contra a impunidade.

Nesse percurso, emergem novos efeitos da violência, perante a ausência das instituições e dos recursos sociais mais elementares. Percorrer este caminho após um incidente violento, onde a morte não é assimilada como fatalidade ou sucessão natural da vida, impõe limitações e modifica as percepções de vida. Superar a perda, enfrentar os seus desdobramentos e transformar a dor e o luto com coragem acaba por se converter num esforço individual e solitário.

Muitas dessas pessoas, sobretudo quando se trata de mães e esposas, experimentam adversidades comuns: *stress* pós-traumático, problemas financeiros, quebra do equilíbrio familiar, vivência de longos processos judiciais em condições desfavoráveis, convivência com os assassinos ou ameaças de retaliação. Em alguns casos, ainda lhes cabe a obrigação de provar que os seus filhos ou parceiros não eram criminosos e não estavam envolvidos no tráfico de drogas. Nos outros casos, quando havia envolvimento, precisam defender, postumamente, o direito constitucional a um julgamento justo e a uma condenação nos termos da Lei brasileira.

São as vítimas ocultas, invisíveis, as(os) sobreviventes da violência armada que não fazem parte das estatísticas da criminalidade violenta do Rio de Janeiro, as protagonistas deste capítulo. Mulheres com quem trabalhámos mais de quatro anos, que nos receberam nas suas casas, comunidades, bairros, e nas suas vidas. E as suas vidas entraram nas nossas, iniciando um caminho de ida e volta. As entrevistas individuais converteram-se em encontros colectivos de partilha e de aprendizagens.

Passar para o papel as histórias,[34] as experiências, os lutos e as lutas destas mulheres não é fácil. A forma dramática como a violência armada do Rio de Janeiro afectou as suas vidas teve múltiplos impactos, difíceis de quantificar. Estes impactos, que decorrem da morte e da perda de entes queridos, que são vividos muitas vezes em silêncio e que são difíceis de nomear, afectam, de forma bem directa, a vida de quem fica e tenta lidar com a perda. Ignorá-los e subalternizá-los significa perpetuar, perante a ausência de respostas, ciclos de violências.

---

[34] As histórias de algumas destas mulheres encontram-se em anexo.

### 2.3.1. É uma dor muito doída...

Os relatos das mães e de outros familiares são carregados de histórias de sofrimentos, desde o dia em que se deu a execução dos filhos/familiares – recordado, revivido e contado em detalhes. Os impactos decorrentes das mortes são, obviamente, múltiplos, e relacionam-se intimamente uns com os outros. As formas como são sentidos, expressados e manifestados assemelham-se a uma teia, na qual se torna difícil isolar cada um deles. Nas páginas que se seguem são identificados alguns destes impactos, vividos e contados na primeira pessoa.

Ao longo das entrevistas, encontros e conversas com este grupo percebemos que a experiência traumática afecta as suas vidas em diferentes dimensões. Optei por agrupar os impactos identificados em dois grupos: *impactos na saúde* (física e emocional) e *impactos socioeconómicos* (da perda e da luta por justiça).

Estudos epidemiológicos mostram que entre 25% e 40% dos sobreviventes de catástrofes e violências extremas sofrem de problemas de saúde (Martín Beristain, 1999). Em geral, quanto maior for a intensidade da violência, maior é a ocorrência de distúrbios psicológicos e sintomas físicos. Assim, os homicídios deliberados causam maior impacto que as mortes acidentais em catástrofes naturais, e traumas colectivos afectam mais a população do que incidentes isolados.

Os índices de violência urbana armada que assolam o Rio de Janeiro fazem com que a população carioca conviva regular e quotidianamente com a letalidade e/ou a ameaça do uso de armas de fogo. E estas violências, tanto na sua forma directa como na mais indirecta, constituem experiências traumáticas com sérios impactos psicológicos.

Estes impactos psicológicos são também os de mais difícil superação, e normalmente estão associados aos problemas de saúde física.

Os sintomas apresentados como respostas a um evento traumático são considerados por especialistas como uma reacção natural a essas situações. Mas, quando esses mecanismos de defesa se convertem na única forma de lidar com a vida, quando paralisam a pessoa por um período longo de tempo, não permitindo que se prossiga a vida e passando a influenciar directamente as relações sociais, considera-se que é necessário intervir.

Reacções como insónias, ansiedade, medo, persistência de reacções de ódio, nostalgia muito profunda (e dificuldade em lidar com essas lembranças e recordações) são exemplos de reacções a acontecimentos que não são naturais, relatadas pelo grupo de familiares de vítimas de massacres, no Rio de Janeiro.

*Hoje em dia se acontecesse uma coisa, eu não teria coragem de chamar a polícia. Eu tenho medo. Eu não tenho coragem. Eles que fizeram isso com a minha filha. Bandido, você sabe que é bandido. E eles? Eu não tenho coragem. Quando eu vejo a polícia passando aqui, eu tenho raiva, eu tenho nojo, não gosto nem de ver. Me dá um negócio, não gosto de ver. Eu chego a ter pavor de ver cara de polícia. Por saber que todos eles pertencem a uma farda. Não gosto. Viro a cara...*

Mãe

*Você deita e não dorme... sonha com o filho, com tudo. [...] Toma remédio pra pressão alta e vai cinco vezes ao banheiro durante a noite, e na terceira você já perdeu o sono, você vê o dia clarear, amanhece supercansada.*

Mãe

Entre os grupos de familiares de vítimas mortais da violência armada encontramos, maioritariamente, mães. Recorrentemente estas mães falam da *dor incurável*, dessa *dor que muda a vida por completo*, e que resulta da experiência de lidar com a morte dos filhos antes do tempo. De facto, não existe uma palavra ou nome para esta experiência: a viuvez resulta da perda de um(a) companheiro(a), a orfandade dos progenitores. No entanto, a perda de um(a) filho(a) não tem nome. A dificuldade em explicar o significado e a intensidade desta dor foi algo comum em todas as conversas.

Estas variáveis da experiência (pós-)traumática, vividas pelos parentes de vítimas da violência, dizem respeito ao processo de luto. Este processo consiste na elaboração simbólica do trauma que resulta da perda de alguém querido. Essa elaboração pressupõe compreender o que é sentido, o que se deve fazer com o que sente e, por fim, aceitar a perda. No caso do Rio de Janeiro, esses processos de luto são *processos de luto alterados* pela intensidade da(s) violência(s).

No caso das sobreviventes entrevistadas, a grande dificuldade de aceitação relacionava-se com a sensação de injustiça pela impunidade dos responsáveis, a raiva sentida, a impotência perante a agressão e com a culpa por não terem conseguido evitar a morte do(a) familiar.

*Eu perdi uma filha e até hoje eu não aceito isso. Se fosse uma doença, você teria uma coisa pra amenizar isso. Mas eu não tenho isso. Eu não aceito até hoje. Até hoje eu não consegui riscar a minha filha da minha vida e da do pai dela. Isso me mata. Eu só vou aceitar, você me desculpe, mas no dia em que matarem esse danado.*

Mãe

Entre os problemas físicos, os mais mencionados foram doenças cardiovasculares. Algumas mulheres passaram a sofrer de tensão alta após a experiência traumática, que associam à pressão de lidar com os obstáculos que enfrentam.

Muitas das mulheres familiares de vítimas de massacres, e em especial as mães, pelos papéis que lhes são socialmente atribuídos, são consideradas e sentem-se responsáveis pelo bem-estar psicológico, emocional e físico de outros membros da família e das suas próprias comunidades. Muitas vezes recai sobre elas a tarefa de ajudar quem fica a superar sentimentos de perda, lidando simultaneamente com a sua própria dor. O *cuidado de quem fica*, em especial dos outros(as) filhos(as), surgiu como uma das preocupações centrais do grupo. Para além da intensificação de sentimentos de culpa já inerentes, este factor surgiu também como um elemento de destabilização e desestruturação familiar.

> *Eu não consigo mais ficar com os meus netos, não consigo mais... Não consigo. Entro em pânico, eu não tenho paciência mais, eu amo os meus netos, mas não tenho mais paciência... A minha filha teve que parar de trabalhar, porque ela não tem com quem deixar os filhos.*
>
> Mãe

A maior parte dos obstáculos sociais enfrentados pelas mães reside na necessidade em *seguir com a sua vida*, agora marcada pela experiência violenta e pela ausência. A violência armada na cidade do Rio de Janeiro ocorre em áreas residenciais. Muitas vezes as pessoas são mortas dentro da própria casa ou no bairro onde mora a família e amigos próximos. Esta característica faz com que seja altamente provável que os sobreviventes tenham contacto com o local da morte da vítima, ou contacto com o corpo do parente, após o acto violento. Em muitos casos, a solução encontrada por algumas famílias – quando há essa opção – é mudar de bairro, para escapar das lembranças e proteger os que ficaram.

Além disso, muitas vezes os parentes ou amigos têm contacto com os assassinos, que continuam em liberdade e têm presença ostensiva nos bairros e comunidades dos familiares. Isso resulta na lembrança constante da perda sofrida, da falta de justiça e negação dos direitos dos sobreviventes. Esse confronto converte-se numa experiência de extrema violência para os(as) sobreviventes.

Noutros casos, as famílias podem ter que provar que a vítima não era um criminoso. Muitas vezes, os assassinatos cometidos por polícias, "resolvem-se" – ou seja, não são punidos – recorrendo a alegações sobre o envolvimento da pessoa morta no tráfico de drogas e sobre a sua resistência à ordem de prisão (*auto de resistência*). Várias vezes foram referidos os "kits" usados pela polícia para colocar provas, no caso de "acidentalmente" um inocente ser morto, em particular em favelas. Esta estigmatização tem consequências para a vida dos familiares.

> *Eles falaram que foi confronto, que foi troca de tiros, que seis ou sete elementos trocaram tiro com ele; só que já houve essa reconstituição e eles caíram em contradição. Os lugares que eles apontam não foi o lugar onde eles mataram o meu filho; no lugar que o meu filho foi executado, dois anos e nove meses depois acharam três cápsulas e vestígios de sangue na pedra onde o mataram, foi totalmente diferente do lugar que eles inventaram. Eu é que fui investigar, eu fui detective, eu fui tudo, tudo o que a polícia não quis fazer, eu fiz.*
>
> Mãe

As mortes violentas conduzem e, por vezes, intensificam, problemas económicos ou financeiros para a família, particularmente se a pessoa morta contribuía para o orçamento da casa. Para substituir esse rendimento, outros elementos da família podem ter que procurar emprego e abandonar os estudos. Por outro lado, cuidar de pessoas feridas fisicamente ou traumatizadas pela violência exige tempo, impossibilitando o trabalho remunerado fora de casa. Ao mesmo tempo, exige dinheiro, uma vez que as vítimas podem necessitar de tratamentos caros, o que se torna uma impossibilidade para muitas famílias. Além disso, o acompanhamento dos processos judiciais, aliado à exclusiva dedicação na luta contra a impunidade, não permite que trabalhem e tenham uma fonte de rendimento.

Embora os impactos económicos sejam visíveis – principalmente por se tratar, na maioria dos casos, de famílias de baixo poder aquisitivo –, não é essa a prioridade da luta dos grupos de mães. Para amenizar esses impactos, algumas organizações da sociedade civil, principalmente ONG, ou mesmo políticos e o próprio governo, recorrem a paliativos como a distribuição de *cestas básicas*. Isto provoca, obviamente, indignação entre os familiares, uma vez que a luta iniciada por justiça está intrinsecamente associada à luta por dignidade. A exigência, por parte das mães, de pensões (e indemnizações) ao Estado não está associada às suas necessidades básicas, mas, sim, à responsabilização pela perda, já que os agressores, na sua maioria, são polícias. Ou seja, como lembram as mães, são agentes de segurança pública pagos pela sociedade para proteger os seus cidadãos.

No entanto, as dificuldades financeiras por vezes já existentes, que vão sendo agravadas pela sequência de violências que se manifestam em espiral, após a perda de um familiar, traduzem-se, por exemplo, na impossibilidade de comparecer aos diversos actos de apoio a vítimas ou a reuniões com grupos de mães, uma vez que, na grande maioria das vezes, as deslocações têm que ser custeadas pelos próprios familiares das vítimas.

O facto de viverem em comunidades pobres e violentas constitui, muitas vezes, uma dificuldade acrescida na luta pelos seus direitos e potencia as diferenças de tratamento por parte dos órgãos públicos. Os relatos das entrevistadas revelam uma enorme falta de confiança nos órgãos de segurança e pessoas a eles associadas, no Rio de Janeiro. De facto, a polícia e as suas formas de actuação são bastante criticadas pelos familiares de vítimas.

Outras críticas presentes nos relatos dos sobreviventes recaem sobre o sistema judicial: pela sua lentidão, burocracia ou insensibilidade perante as suas necessidades. É aos familiares de vítimas que cabe, quase na totalidade dos casos, o papel de lutar por justiça, em vez do Estado cumprir o seu papel na garantia dos direitos dos seus cidadãos. Para muitas destas mulheres o primeiro momento em que têm consciência dos seus direitos é precisamente quando sentem dificuldades no acesso à justiça. A morosidade no andamento dos processos judiciais, as acusações não deduzidas, inquéritos e processos com prazos de prescrição a terminar, sem provas documentais, testemunhais ou exames balísticos, são alguns dos exemplos citados.

### 2.3.2. Quando o luto se transforma em luta...

Apesar do longo caminho a percorrer por estas mães na luta contra a impunidade ter nessa mesma impunidade um dos seus maiores obstáculos, constatamos que a experiência traumática da perda e da dor levou vários(as) sobreviventes a procurar partilhar a sua dor e a sua luta com outros familiares que passaram pela mesma situação. Algumas mães, no caminho percorrido na procura de justiça, encontraram noutras mães o apoio necessário para fortalecer a sua luta, que afinal é (passou a ser) comum. As semelhanças dos seus relatos, a dor carregada desde o acontecimento trágico e a própria luta que travavam solitariamente pela punição dos assassinos constituem o ponto de partida para que se associem, acompanhem os processos umas das outras, partilhem as suas dores e procurem um sentido para a vida conjuntamente.

> Mas se ninguém fizer, se a gente não fizer, quem é que vai fazer?
> Nós somos movidas pela nossa dor, e ninguém sabia. A dor virou a luta, não é?
>
> Mãe

> Porque medo eu tinha de perder o meu filho. Vou ter medo agora de quê?
>
> Mãe

Para além disso, toda a rede de relações sociais destruída após o assassinato dos seus filhos tem a hipótese de ser reconstruída, uma vez que se tentam estruturar, ainda que muitas vezes de forma incipiente, por falta de apoio, outras redes de relações sociais que servem de suporte para superar o sofrimento. O activismo passa a ser uma nova motivação para a vida, e a consciência de que podem contribuir para a transformação social, lutando contra a impunidade, contribui para que, muitas vezes, a total falta de sentido possa ser atenuada.

Perante este cenário, têm vindo a emergir, no Rio de Janeiro, associações e grupos de familiares de vítimas da violência armada, sobretudo grupos de mães, que procuram, inicialmente de modo individual, e posteriormente em termos colectivos, dar resposta às suas necessidades, sobretudo no campo da luta contra a impunidade. À semelhança de outros contextos de violência aberta e disseminada, como os cenários de violência política nos anos 1980 na América Latina, mas também em países como a Federação Russa e o Sri Lanka, familiares de vítimas de chacinas levadas a cabo por forças policiais, como a de Acari em 1990, Vigário Geral em 1993, Candelária, Borel em 2003, Via-Show, entre outras, têm-se organizado, constituindo grupos como as Mães de Acari, as Mães de Vigário Geral, Mães do Borel e as Mães do Rio. Estes grupos, mais ou menos organizados, têm conduzido pesquisas, apresentado queixas, acompanhando a evolução dos inquéritos policiais e dos procedimentos judiciais (Moura e Santos, 2008).

De facto, pese embora as semelhanças ao nível de protagonismo, impactos da violência e objectivos de luta, os grupos de sobreviventes no contexto do Rio de Janeiro encontram-se numa fase ainda muito incipiente no que diz respeito à sua politização. Não obstante existirem iniciativas planeadas e coordenadas colectivamente, das quais as manifestações públicas e o acompanhamento de processos judiciais são as expressões mais visíveis, existem várias fragilidades no que diz respeito, por exemplo, à exigência conjunta de políticas públicas coerentes com a luta contra a impunidade e o abuso da actuação policial. Em grande medida, na origem destas dificuldades de organização encontra-se o perfil socioeconómico de quem compõe os grupos de familiares. Contrariamente aos movimentos de mães de desaparecidos e prisioneiros políticos dos regimes repressivos latino-americanos, a maioria das mães dos grupos de sobreviventes do Rio de Janeiro pertencem às camadas mais populares da população, estando não só estruturalmente mais vulneráveis à violência, como também numa posição mais difícil, no que diz respeito à sua politização.

Apesar disso, o papel destes grupos no estímulo de movimentos reivindicativos nas comunidades, na prevenção e denúncias da violência e, particularmente, no apoio jurídico prestado é considerado essencial pelos familiares. Mais rara, mas existente, é a articulação de algumas destas mães com movimentos internacionais, como as Mães da Praça de Maio, na Argentina. Para estas familiares, este tipo de articulação, apesar de constituir uma excepção à regra, permite visibilizar a sua luta a nível nacional e, especialmente, internacional.

As nossas conversas terminavam, invariavelmente, com referências ao que as fazia estar vivas, ao que lhes dava força para continuar. A própria luta, segundo uma entrevistada, é o que as faz permanecer vivas, é a motivação da sua existência após a tragédia que ocorreu nas suas vidas.

Estas lutas constituem formas de intervenção política propositivas ainda que manifestas numa escala micro. Mas este activismo protagonizado por mulheres é frequentemente desvalorizado ou até ocultado, ao ser entendido como natural e apolítico. Em contextos de violência híbridos, que escapam aos conceitos tradicionais de guerra (e de paz), como é o caso do Brasil, e em concreto do Rio de Janeiro, esta desvalorização parece ser ainda mais evidente. Neste caso, cruzam-se vários patamares de "formatação" analítica, expressos na utilização e referência a conceitos tradicionais de política, poder, guerra e paz, que são manifestamente insuficientes para captar toda a realidade e complexidade das violências e das respostas que se ensaiam face às mesmas (Moura e Santos, 2008).

O(s) grupo(s) de mães do Rio de Janeiro, que vão dando pequenos grandes passos, alguns iniciais, outros que contam com quase vinte anos, assinalam, no meu entender, a emergência de propostas de paz inovadoras, ou de novíssimas pazes (Moura, 2005), constituindo-se como um pólo de recusa e resposta face às violências.

Neste sentido, ignorar ou desvalorizar estas iniciativas traduz-se, então, num desperdício de potenciais recursos de minimização, prevenção e transformação da violência que se esboçam em contextos particularmente difíceis.

# CONCLUSÃO

## PONTOS DE PARTIDA

As novíssimas guerras, tal como foram aqui definidas, manifestam-se a uma escala micro em contextos mais amplos de paz formal, e caracterizam-se pela sua disseminação territorial global. São contextos que aproximam as zonas de guerra e de paz, e desafiam fronteiras conceptuais rígidas (ou as verdades incontestáveis das Relações Internacionais). No entanto, por não corresponderem a uma determinada concepção de guerra, estas zonas de indefinição são, em grande medida, consideradas marginais, informais e periféricas.

Mas, do mesmo modo que as novas guerras visibilizadas nos anos 1990 corresponderam a uma ampliação das condições da paz violenta, experimentada em tempos de velhas guerras, estes novos cenários, que emergem à margem das novas guerras, podem constituir o prelúdio de uma conflitualidade ainda mais violenta e disseminada.

Interpretar estes cenários à luz da crítica feminista das Relações Internacionais ajuda-nos a entender de que forma o pessoal é político e internacional e vice-versa. E também nos permite perceber que a guerra, enquanto conceito e prática, corresponde a um sistema socialmente construído. Como tal, necessita de estereótipos que a legitimem. No entanto, acima de tudo, a crítica feminista permitiu encontrar evidências sobre a transversalidade deste sistema de guerra e dos seus impactos em cenários distintos – de guerra, de paz formal e de pós-guerra.

Este sistema de guerra precisa, independentemente do contexto, de identidades dominantes e subalternas – masculinidades e feminilidades – que lhe subjazam, e que permitam a sua perpetuação. Desta forma, defendo que estamos, actualmente, a assistir a uma crise da própria hegemonia, mais do que a uma crise de masculinidade ou de identidades. As condições e características da conflitualidade sofreram alterações e, com elas, os requisitos do que significa(va) ser homem (e assumir uma masculinidade dominante).

No entanto, qualquer (re)negociação da construção da hegemonia de um tipo de masculinidade pressupõe a construção da alteridade, da/o outra/o, de feminilidades e masculinidades que lhe sirvam de contraposição e antítese, que o legitimem. E, em cenários de novíssimas guerras, como vimos, é possível identificar as mesmas dinâmicas de contraposição – entre masculinidade e feminilidade, e entre uma masculinidade hegemónica que se contrapõe a outras masculinidades – que serviram para legitimar as velhas guerras.

No entanto, os valores que subjazem a essa hegemonia foram-se adaptando a novos cenários.

As identidades subjacentes e perpetuadas pelos novos e novíssimos sistemas de guerra apresentam necessariamente novas características mas, contudo, não são tão distintas das velhas masculinidades: foram-se adaptando aos diferentes contextos locais. Aos objectivos políticos, de cariz ideológico, foram-se juntando (e por vezes sobrepondo) objectivos económicos e políticas de identidade; os Estados deixaram de ser os principais actores das guerras contemporâneas, que contam agora com grupos armados informais; a escala da conflitualidade é cada vez mais local, ainda que globalizada, e afecta cada vez mais a população civil; as armas pesadas foram sendo substituídas por armas ligeiras, atenuando assim a divisão entre zonas de guerra e zonas de paz.

Ou seja, é a masculinidade típica das velhas guerras, ocidentais, que está em crise. Mas continuamos a assistir à construção de identidades, dominantes (violentas) e alternativas, em contextos de novíssimas guerras. Algumas vezes a construção de uma identidade violenta corresponde a uma tentativa de visibilidade, nestes cenários. Por outro lado, as identidades alternativas, não violentas, que constituem a maioria, são frequentemente silenciadas.

A cidade do Rio de Janeiro apresenta todas as características daquilo a que chamei novíssima guerra. Trata-se de uma hiperconcentração urbana da violência que se dilui em paz institucional e formal, num contexto de ampla proliferação de armas de fogo, entendidas simultaneamente como símbolo de poder e protecção.

Nesta novíssima guerra existem versões extremas da masculinidade que é considerada hegemónica, versões estas que não são específicas ou criadas em ambientes periféricos. Correspondem a versões exageradas de uma masculinidade tradicional, que caracteriza a grande parte da população carioca, brasileira e mundial. Esta construção e a promoção de uma masculinidade dominante e violenta precisa de alteridades: feminilidades passivas e pacíficas que a legitimem e de masculinidades subalternas que a invejem ou lhe sirvam de contraponto Na prática, verificamos que são muitas as estratégias de silenciamento e de camuflagem de tudo e de quem contrarie esta equação. No entanto, a ocupação do espaço da representação da violência no Rio de Janeiro pela violência armada registada na esfera pública, perpetrada por jovens do sexo masculino, integrados em facções do tráfico de drogas, e a sua respectiva despolitização e criminalização, tem como reverso a aceitação social passiva de outros tipos de violências, de escala micro e situadas no universo privado. Na violência armada, entendida como uma violência de homens contra homens, a mulher é o *ausente social* por excelência.

Finalmente, se as novíssimas guerras são fenómenos locais que se disseminam à escala global, apresentando especificidades de cenários de guerra e de cenários de paz, também as propostas de prevenção e transformação da violência – novíssimas pazes – experimentadas a uma microescala, podem constituir propostas de paz macro ou globais.

# HISTÓRIAS DE SOBREVIVÊNCIA

Fotografias: Raquel Dias

## ELISABETE MEDINA PAULINO
### *Mãe de Renan Medina Paulino e Rafael Medina Paulino*

*Eu nunca bati nos meus filhos. A primeira vez que eles apanharam foi desses policiais.*

O meu nome é Elisabete Medina Paulino, tenho 42 anos e sou mãe do Rafael e do Renan Medina Paulino, assassinados no estacionamento da casa de *show* Via Show.

Eu casei muito cedo. Queria ser mãe, dona de casa e parei de estudar para cuidar da minha primeira filha, a Dani. Eu nunca quis contratar ninguém para tomar conta dos meus filhos, achava que ninguém ia cuidar melhor do que eu. Só mais tarde terminei o segundo grau, junto com a minha filha. E, quando tive a primeira neta, parei novamente. Eu fiquei tomando conta da neném, para a minha filha trabalhar. Abdiquei novamente de uma carreira, de uma profissão, para ser avó. E fui ser avó quando os meus filhos morreram.

O Rafael, o mais velho, tinha dezoito anos, e o Renan, 13 anos. O Renan era muito grande, parecia muito mais velho. Tinha 1m76cm e pesava 95 kg. Só que era uma criança. O meu bebê, como eu dizia...Eram meninos muito cheios de vida, cheios de planos, cheios de perspectives. O Rafael queria ser fisioterapeuta, porque ele via a avó (a minha mãe) na fisioterapia e ficava com pena. E ele dizia assim: "Não, avó, eu vou fazer fisioterapia, eu é que vou cuidar de você". O Renan queria ser juiz. Queria combater a impunidade e essa corrupção. Os meus filhos tinham sonhos, queriam mudar alguma coisa.

No dia 6 de Dezembro de 2003, tudo mudou. Os meninos estavam na casa de *show* Via Show, na Dutra, e foram assassinados por policiais, seguranças da casa.

O meu filho mais novo foi mais cedo para a casa de show, ele nem sabia que o irmão e o primo, Bruno, também iam. Era a primeira vez que ele saía à noite. Eu paguei uma *van* para o levar e trazer. Mais tarde, o primo e o irmão resolveram ir até lá. Eles iam até no carro do primo, mas encontraram um outro amigo que ia para o Via Show e resolveram ir no carro desse outro amigo. Lá eles encontraram o meu outro filho, o Renan, que decidiu regressar com eles.

Na saída houve uma confusão com esse amigo, no estacionamento. Os seguranças foram em cima dele, pegaram e começaram a bater muito. Quando os meus filhos e o Bruno foram ver o que estava acontecendo com o amigo, eles não quiseram nem saber, bateram em todo mundo.

E aí eles viram que não ia dar certo. Levaram os meninos para Caxias, para uma fazenda abandonada, mataram-nos e jogaram dentro de um poço.

Às 4 horas da manhã, que era a hora que a *van* ia chegar para trazer o meu filho, eu estava lá em baixo para o esperar. Então, chegou todo o mundo e falaram que Renan estava vindo com o irmão e com o primo. E eu fiquei esperando eles chegarem. Cinco horas, seis horas e não vieram. Às 7 horas da manhã nós fomos para o Via Show, fazer o itinerário todo. Procurar saber o que estava acontecendo. A polícia, da cabine da polícia que existe em frente, falou que a noite tinha sido tranquila, que foi sossegada. Ainda ficaram brincando com a gente, falando assim: "Não, os seus filhos devem ter ido para a praia, depois do *show*, daqui a pouco chegam em casa...". O meu filho era muito responsável, ele não ia fazer isso nunca. Jamais. Principalmente se estava com o irmão mais novo. Por isso eu fiquei desesperada. Aí os amigos começaram a percorrer todas as praias do Rio, mas a gente sabia que eles não tinham ido para a praia. Fiquei esperando com a minha cunhada, procurando, e fizemos queixa à Polícia.

No domingo, os amigos, os vizinhos, o bairro inteiro, fecharam a Avenida Brasil. Então a Secretaria de Segurança enviou o batalhão de choque, para saber o que estava acontecendo. A imprensa começou a divulgar que os meninos não tinham sido encontrados, a toda a hora aparecia na televisão, e até no estrangeiro foi notícia. Pessoas que vivem na Europa, amigos nossos, viram...

Ficámos nesse desespero três dias. A gente não sabia de nada. Nem se estavam vivos, se estavam mortos, nem quem tinha matado, nem o porquê. Se eles tinham se envolvido em alguma coisa. E os meus filhos não eram malcriados, não! Eu nunca bati nos meus filhos. Nunca dei uma palmada. A primeira vez que eles apanharam foi desses policiais. De terça para quarta a Secretaria recebeu uma denúncia anónima, e aí encontraram os corpos.

A gente começou a luta e fomos atrás. A primeira pessoa que procurámos foi o secretário de Segurança. Para nossa surpresa, quando nós chegámos ao gabinete, eles já sabiam que éramos as mães dos garotos que os policiais de Caxias mataram. Disseram: "Foi queima de arquivo. Eles viram alguma coisa que eles não podiam ter visto".

É para que isso pare de acontecer que nós lutamos. Para que isso tenha um final. Se não falarmos, nada é feito, e eles continuam matando. Nessa casa de show já desapareceram muitos rapazes. Nós fomos as primeiras mães que falaram, que gritaram. As pessoas têm medo. De quê, eu não sei, talvez de morrer. Mas eu não tenho medo de morrer. E a única coisa que eles podem fazer com a gente é o quê? Matar? Já mataram. Um filho é a vida de uma mãe. Eu sei o que é perder filhos e não quero essa dor para ninguém. A nossa paz, a nossa família, acabou.

Eu não tenho mais medo, agora eu luto.

O soldado da Polícia Militar Henrique Vítor de Oliveira Vieira foi condenado, no dia 22 de Junho de 2006, a 25 anos e sete meses de prisão pelo Tribunal do Júri de Duque de Caxias.

A 19 de Agosto de 2008, quatro dos nove polícias acusados de sequestrar, torturar e executar Renan Medina Paulino, Rafael Medina Paulino, Bruno Muniz Paulino e Geraldo Santana Júnior, foram condenados por unanimidade, pelo Tribunal de Júri Popular de Duque de Caxias. Um dos acusados foi condenado a 67 anos de prisão e os outros três foram condenados a 68 anos e 4 meses por homicídio, ocultação de cadáver e formação de quadrilha.

Dos restantes acusados do crime, um foi assassinado, um cumpre medida de segurança em manicómio e os restantes três aguardam julgamento em liberdade, sem previsão de data para os julgamentos.

## SILEY MUNIZ PAULINO
*Mãe de Bruno Paulino*

*Eles matam a gente, matam a família, matam os amigos*

O meu nome é Siley Muniz Paulino, tenho 48 anos e sou mãe do Bruno Muniz Paulino, de 20 anos, meu único filho, assassinado por nove policiais na casa de espectáculos Via Show.

Eu nunca vi o meu filho chorar. Era só alegria. O Bruno foi criado num bairro onde todos são amigos e se preocupam com os seus filhos. Tanto que eu fazia questão de abrir o terraço da minha casa para que ele ficasse na companhia dos seus amigos sob os meus olhos.

O meu filho fazia faculdade de Matemática e trabalhava com o pai.

Numa sexta-feira à noite, Bruno, seus primos e um amigo saíram para o Via Show (casa de espectáculos) e não voltaram mais. Procurámos por todos os lugares: hospitais, necrotérios e nada. Então voltámos para casa e começámos a chorar. Não sabíamos nada, nem se nossos filhos tinham morrido...

No domingo foi recebida uma denúncia anónima dizendo que policiais fardados com viaturas em comboio passaram em direcção a um local bem distante. Só os policiais conheciam o local onde o crime foi praticado, era de difícil acesso e com mata fechada. Passaram com os nossos filhos para serem executados, sem medo de nada! Tinham a certeza da impunidade. E aí, no meio da mata, executaram e jogaram num poço os corpos dos nossos filhos.

Foi um desespero. Passou sábado, passou domingo, passou segunda e os corpos só apareceram na terça de madrugada. No dia do enterro, o bairro inteiro fechou as portas para a última despedida. Havia mais de mil pessoas.

Pedimos apoio à Justiça Global. Eles ajudaram fazendo um relatório para a ONU. Então passámos a pertencer às Mães do Rio, que são mães que sofrem a mesma dor e estão sempre juntas. Depois fomos para Brasília, fomos recebidas pelo ministro da Justiça (Márcio Thomaz Bastos).

Foram nove policiais que mataram o meu filho. E eu estou gritando para que haja justiça. Se todas as mães que perderam seus filhos gritassem junto, se cada um fizesse a sua parte, talvez a gente pudesse chegar lá. Se esses nove policiais forem condenados, nove policiais já estão fora. Se os de Queimados forem condenados, são 21 que vão para fora. Se todo mundo gritar, se todo mundo lutar por justiça, quem sabe?

É pelos filhos que a gente luta. Pelo meu filho, pelos meus sobrinhos. Porque você cria o teu filho da melhor maneira possível, dá a melhor educação, mostra um caminho para ele, aí vêm esses policiais que deveriam defender e acabam com tudo. É para mostrar para as outras mães que elas podem gritar, que não tenham medo. A gente era tímida, não sabia falar, e aprendeu a encarar tudo: a saber falar e a saber resolver. Eles matam a gente, matam a família, matam os amigos... Hoje eu não tenho mais medo de nada.

Sabe o que é que eu faço para sobreviver a essa dor? Eu falo o tempo todo. Eu lembro muito o que uma repórter uma vez falou: que nós transformámos o nosso luto em luta.

## DALVA DA COSTA
### *Mãe de Thiago Silva*

*Perder um filho já é difícil. Imagina você ter que provar que o seu filho era inocente, que ele não era bandido.*

Eu sou Maria Dalva da Costa Correia da Silva, tenho 52 anos, moro no Borel e sou mãe do Thiago, 19 anos de idade, assassinado em 16 de Abril de 2003.

Actualmente, estou reformada. Eu trabalhava com importação e exportação de tabaco, mas depois de perder o meu filho nunca mais consegui trabalhar.

O meu filho era muito mais amadurecido do que os dezanove anos que ele tinha. Tinha uma filha, fez vários cursos e escolheu ficar com mecânica. Até já tinha carteira assinada. Ele foi executado, lá no Borel, no dia 16 de Abril de 2003, com mais três pessoas. Foram quatro vítimas e dois sobreviventes.

Nesse dia o meu filho trabalhou o dia todo. Não foi para a escola porque não havia aulas e chegou a casa por volta das 6 horas e saiu dizendo que ia cortar o cabelo. Quando chegou à barbearia tinha uma pessoa à frente dele, e aí ele parou no meio da rua para conversar. E conversando, conversando, ele ouviu um tiro e correu em direcção ao beco. Nesse dia tinha uma equipa da polícia de plantão e 16 policiais em operação clandestina – eles chegaram por volta das três horas, procuraram saber onde ficava o local da boca de fumo,[35] conseguiram entrar numa casa e ficaram escondidos. Só que em dado momento eles já não aguentavam mais e começaram a dar tiros. Os policiais estavam em cima da laje,[36] e atiraram no meu filho.

O Thiago ficou agonizando 20 minutos, pedindo para não morrer, que não era bandido, que tinha uma filha... Na hora eu ouvia os tiros e sabia que ele estava na rua. Só rezava e pedia a Deus para proteger o meu filho, mas o meu filho se foi... Levou cinco tiros e ficou com dois projécteis.

Quando o meu marido saiu e chegou à rua viu eles jogando o meu filho dentro do carro. Ele reconheceu porque ele estava com uma camisa do aniversário dele, de 19 anos. E ninguém pôde chegar perto porque eles apontaram o fuzil para cima, deram tiros para o alto, empurraram... Aí levaram os corpos, alegaram que socorreram e, no dia seguinte, saiu no jornal que quatro

---

[35] Ponto de venda de droga.
[36] Telhado da casa, como um terraço.

bandidos foram executados no Borel, com tiroteio intenso. E o que a gente faz? Perder um filho já é difícil. Imagina você ter que provar que o seu filho era inocente, que ele não era bandido. É mais difícil ainda.

A comunidade toda se revoltou e foi quando nós fizemos uma caminhada silenciosa. Só nos manifestámos com cartazes, com faixas, todo o mundo de branco, com a foto dele dizendo "Posso me identificar". Porque eles não puderam se identificar e tiveram outro nome.

Dos cinco polícias acusados, apenas dois já foram julgados, tendo sido absolvidos pelo Tribunal do Júri do Rio de Janeiro. Os restantes polícias encontram-se presos e aguardam julgamento.

## DULCINÉIA SIPRIANO
### *Mãe de Marcos Vinicius*

*Eu tinha medo era de perder um filho, e eu perdi. Agora eu vou ter medo de mais o quê?*

O meu nome é Dulcinéia Maria Sipriano, tenho 52 anos, moro em Queimados e sou mãe do Marcos Vinicius. Todo o mundo aqui na zona lhe chamava Pitão, era o apelido dele. Ele tinha completado 15 anos em Janeiro. Garoto inteligente, estudioso, cheio de futuro pela frente. Tenho mais sete filhos e cinco deles moram comigo.

O Marcos Vinicius levantava-se sempre às 6 da manhã, se arrumava, eu me levantava também, para preparar o café dele. Às 6h20 ele saía para a escola, porque ele estudava longe.

No dia 31 de Março de 2005, quinta-feira, no dia em que foi morto, chegou a casa e, depois de jantar, lembrou-se que tinha que ir a casa da irmã, Simone, para ir buscar algo para entregar no dia seguinte na secretaria da escola. A minha filha, entretanto, tinha vindo à minha casa. Ela mora aqui pertinho. Depois saiu para acompanhar o Pitão, mas eu pedi que ela ficasse. Ela não queria porque tinha deixado os filhos sozinhos em casa. Saiu, mas voltou de novo para a minha casa muito assustada dizendo: "Mãe, estão dando tantos tiros ali em cima, até dá para ver o fogo daqui". Começou a chorar ao pensar nos filhos. Eu para a acalmar ainda disse: "Não há problema, não, porque o Pitão está lá com eles".

Quando acabou o tiroteio, saímos para saber o que tinha acontecido e nem percebemos quando um dos meus netos, o Igor, passou por nós correndo. Quando chegámos ao local, vi o meu sobrinho deitado no chão. Na hora pensei que fosse o meu filho, o Toco. Um outro sobrinho meu disse-me logo que era o Chicão e não o Toco. Entretanto, ouvi o Igor gritar: "Avó, o Pitão está caído aqui, avó, vem cá, avó, vamos levá-lo. Ele está respirando". O meu filho ainda estava vivo quando chegámos. Ele ainda tentou dizer qualquer coisa. Fiquei logo desesperada. Já não consegui ver mais nada. Tinha perdido um dos meus filhos e um sobrinho, de 34 anos, que nem pôde comemorar o primeiro aniversário de um filho que tanto desejara.

Ninguém entendeu por que tinha acontecido aquela chacina. Das cinco pessoas que foram mortas nenhum tinha tido problemas com a polícia. Todo o mundo gostava deles.

Nunca me vou esquecer desse dia! Não me sai da cabeça. Muita coisa mudou na minha vida depois desse dia. A minha saúde piorou. Passei a ter hipertensão, insónias, cansaço constante. A própria rotina da casa já não é a mesma. Mexeu com a estrutura de toda a família. Todos sentimos muita falta do Pitão.

No total mataram 29 pessoas. Foi repugnante. Se fosse um traficante qualquer que chegasse e desse um tiro na cabeça do meu filho, eu não estaria tão revoltada como eu estou com a polícia. Porque o dever da polícia é proteger e não matar. Ela é paga para proteger e não para tirar a vida dos nossos entes queridos.

Eu hoje não tenho medo. Eu tinha medo era de perder um filho, e eu perdi. Agora eu vou ter medo de mais o quê? Tudo bem, eu tenho mais filhos. Eu temo pelos meus filhos. Mas se eu não gritar, acontece com outro. Alguém tem que dizer Basta! Chega!

Dos onze polícias indiciados pelo Ministério Publico, apenas cinco foram pronunciados. Pelo homicídio de 30 vítimas e uma tentativa de homicídio, dois agentes policiais foram condenados a 542 e 543 anos de prisão. No dia 12 de Julho de 2008, o Tribunal do Júri de Nova Iguaçu condenou a sete anos de cadeia um dos polícias por formação de quadrilha.

Dois polícias aguardam julgamento em liberdade.

## MARILENE LIMA DE SOUZA
### Mãe de Rosana Santos

*Até agora eu só tenho a ausência dela. Nós temos o direito de enterrar os nossos filhos com a mesma dignidade com que os trouxemos ao mundo.*

O meu nome é Marilene Lima de Souza, tenho 54 anos, e sou mãe da Rosana da Silva Santos, assassinada em 1990, com 18 anos de idade.

A Rosana saiu de casa no dia 21 de Julho, sábado à tarde, dizendo que ia para Saquarema, num passeio com o namorado. Iam ficar uma semana e regressariam no domingo, num grupo grande de dez pessoas, sete rapazes e três raparigas.

No sexto dia apareceram seis pessoas à paisana e uma encapuçada. Entraram na casa e disseram que eram policiais e queriam dinheiro. Mandaram sair a dona do lugar e ficaram mais de uma hora ali naquela conversa, e mandaram eles saírem. As garotas foram conduzidas para o *Fiat* do namorado da minha filha e os garotos para dentro de uma carrinha velha, que servia de transporte para essa senhora vender legumes na feira.

No dia 31 à noite foi encontrada a carrinha meio queimada num terreno baldio, perto de Bongado. Tentaram atear fogo mas os vizinhos vieram e apagaram. Via-se nitidamente o sangue. Era muito sangue. Parece que eles transportaram as pessoas ou mataram-nas ali dentro. Mas os corpos nunca apareceram. Nós recebemos várias denúncias: que eles estão enterrados lá dentro do sítio, que foram dados a comer a um casal de leões que se encontrava na quinta...

Quando aconteceu o caso de Acari eu trabalhava, eu era funcionária numa loja. Para poder acompanhar os policiais no caso, eu pedi para sair. Eu queria ver, eu queria estar lá quando eles achassem os corpos. O que eu queria era descobrir os corpos nessa quinta... e eu não descobri.

Você tem que viver com essa expectativa. Eu não aguento! Você se sente impotente. Até agora eu só tenho a ausência dela. Eu não tenho nada que comprove que ela está desaparecida há 19 anos. Nós somos pessoas pobres que merecemos respeito, que merecemos enterrar os nossos filhos, com a mesma dignidade com que os trouxemos ao mundo. É uma grande violação do meu direito de mãe e uma grande violação do direito de vida dela.

São quase vinte anos nesta batalha. A gente não resolve, mas pelo menos incomoda. Se você se cala você vai ao encontro do seu opressor. E eu acredito que as coisas vão crescendo dentro de nós.

O primeiro momento é aquele momento da indignação, de saber o que aconteceu com os nossos filhos. Depois é a luta. Então não tem como voltar atrás, não tem como eu voltar a ser a Marilene, mãe dos meus filhos, avó dos meus netos.

Esta dor não é só minha. É um desespero muito grande. Porque nós, as mães, mulheres, nós engravidamos, criamos nossos filhos com as nossas dificuldades, mas a gente sempre espera morrer antes dos nossos filhos. E os filhos estão morrendo na frente das mães. Eu quis a minha filha e aí, aos 18 anos, alguém vem e me aborta.

A minha luta, ela só acaba quando eu morrer. Mesmo que antes de morrer eu tenha esse direito de saber que ela foi realmente assassinada e que realmente ela está ali.

O crime, atribuído à polícia, não foi esclarecido até hoje. Os corpos dos jovens continuam desaparecidos e os familiares não puderam ainda enterrar os seus entes queridos. Por falta de corpos não se pode abrir processo contra os suspeitos. O caso prescreve em 2010.

## PATRÍCIA OLIVEIRA
### Irmã de Wagner Santos

*Se você vai para a luta você tem que estar disposta a sofrer represálias*

O meu nome é Patrícia Oliveira, sou irmã do Wagner dos Santos e sou militante pela defesa dos Direitos Humanos.

Eu não cresci com o Wagner. Os meus pais sofriam de alcoolismo. A minha mãe verdadeira, que morreu atropelada e eu não conheci, deu-me para adopção, com outra irmã, e ficou com o Wagner e com a minha outra irmã menor, que morreu atropelada juntamente com ela.

O Wagner ficou com uma vizinha, foi passando de mão em mão, até que chamaram a FUNABEM.[37] Daí ele só saiu quando completou 21 anos. Foi morando em vários lugares, mas a gente ainda não tinha se reencontrado.

Em 1993, o Wagner tinha 21 anos. No momento ele trabalhava, mas quando ele não tinha dinheiro para dormir num hotel ele dormia na rua, em frente à Igreja da Candelária. Mas o grupo com que ele estava no dia do massacre ele só conheceu três dias antes.

Na chacina da Candelária foram assassinados oito meninos. O Wagner ficou ferido, juntamente com outros meninos, que foram sendo assassinados ao longo dos anos. Ele sobreviveu porque é teimoso. Tem várias sequelas e não está trabalhando porque tem envenenamento por chumbo. E ainda tem uma bala alojada na quinta vértebra. No total ele levou oito tiros. Quatro em 1993, e quatro em 94. Em 94 ele foi trabalhar na Bahia, sob protecção, porque não podia ficar aqui no Rio. Trabalhou num hotel e depois voltou para o Rio. Um dia, estava na Central do Brasil, naquele momento sem protecção, e veio um policial – deve ser um policial, porque ele estava à paisana – com uma foto dele e perguntou se ele era o Wagner dos Santos. Aí ele falou que era e o policial ameaçou-o. Ele correu, só que estavam a passar muitos autocarros, muitos carros, e ele não conseguiu atravessar. Levaram-no para próximo da Marechal Fontenelle, falaram com alguém que estava dentro da casa de banho e deram-lhe quatro tiros, deixando-o algemado. E o grande problema é que o inquérito vai prescrever, porque já faz 12 anos.

Eu acompanhava a história da Candelária mas não sabia que ele era meu irmão. Só em 1995, quando ele veio da Suíça para o julgamento de um policial,

---

[37] Fundação Nacional do Bem-Estar do Menor.

que foi condenado a 29 anos, e deu uma entrevista que saiu no jornal. O meu cunhado, marido da minha outra irmã, leu e disse "Esse rapaz pode ser o teu irmão, tem a mesma história de vida". E então a minha irmã foi procurar o Superintendente da Polícia Federal, nos colocou em contacto com Wagner, que já tinha voltado para Genebra. A gente foi se falando por telefone durante dois anos. Só nos reencontrámos no final de 1997.

Só nesse ano começámos na luta. Conhecemos os sobreviventes de Acari, de Vigário... Mais tarde criámos a "Questão de Honra", uma ONG que luta por justiça, direitos humanos e igualdade social.

Eu trabalhava, mas não dá para conciliar activismo com um emprego. Temos que optar por uma das duas coisas. Quando acontece alguma tragédia, você tem duas opções: ou você fica calada ou você vai para a luta; se você vai para a luta, tem que estar disposta a sofrer represálias, tem que ter a consciência do que você quer. Você tem que estar ali 24 horas. Não pára.


Quatro polícias foram condenados e quatro foram absolvidos por falta de provas. Um polícia foi assassinado.

## IRACILDA TOLEDO SIQUEIRA
**Viúva de Adalberto**

*Tudo me fez transformar essa dor em luta.*

O meu nome é Iracilda Toledo Siqueira, moro no Rio de Janeiro há 33 anos e sou viúva do Adalberto, falecido com 44 anos.

No dia 30 de Agosto de 1993 perdi o meu marido. No dia anterior, quatro policiais foram mortos na praça Catolé do Rocha, que era onde os policiais faziam extorsões. Entravam, extorquiam e iam embora. Mas naquele dia mataram os quatro polícias militares e ficaram normalmente na favela.

Quando os guardas apareceram aqui, de manhã, ninguém iria imaginar que fosse para matar trabalhadores... Entre as 9h00 e as 11h30 começou a matança. Mataram quem estava: uma família de evangélicos que estava dormindo dentro de casa, mesmo de frente para o bar. E como eles começaram a matar dos fundos para a frente da comunidade, não deu para as pessoas fugirem. O meu marido e os dois amigos estavam de saída do bar. Quando um dos amigos olhou para a porta do bar e viu os policiais, começou a correr... Foi o primeiro a morrer. O outro amigo veio pedir para não fazerem aquilo, e mataram-no. O terceiro foi o meu marido. Mataram 21 pessoas. Eles dividiram-se e fecharam a comunidade – entraram pela estação, pela linha do trem, pelo buraco...

Foi um choque muito grande, e teve tamanha repercussão que a própria OAB (Ordem dos Advogados do Brasil) colocou advogados e a Procuradoria para poder fazer um levantamento de tudo. Exigimos que o Ministro da Justiça viesse ao Rio de Janeiro, que os corpos não fossem retirados. Porque queríamos saber quem tinha feito aquilo. Era uma questão de honra, provarmos que eram trabalhadores. E nós conseguimos. Provámos que todos eram trabalhadores.

Em Vigário Geral foram 21 vítimas. Em Queimados, foram 29. Quantos mais serão? Cem? Duzentos? A população toda? Então temos que lutar!

E eu luto, todos os dias. Eu aprendi com a vida que tenho que ir para a rua batalhar. A gente tem que lutar pelos nossos direitos, os direitos dos nossos filhos. Tudo me fez transformar essa dor em luta.

O Ministério Público denunciou 52 polícias militares. Desse total, apenas sete foram condenados pelo Tribunal do Júri do Rio de Janeiro. Os demais foram absolvidos por falta de provas. Um continua foragido.

Em 1997, um dos réus, o ex-PM Paulo Roberto Alvarenga, foi condenado a 449 anos e oito meses de prisão. Por meio de um *habeas corpus*, obteve reconhecimento de crime continuado e o STF (Supremo Tribunal Federal) reduziu a pena para 57 anos. Em 2005, ele voltou a ser julgado e foi condenado, por unanimidade, a 59 anos e seis meses de prisão, por homicídio duplamente qualificado. Outro réu que teve dois julgamentos foi o também ex-PM José Fernandes Neto. Em 2000, ele foi condenado a 45 anos de prisão e, recorrendo, em 2005, foi condenado a 59 anos e seis meses de prisão.

# VILMA JUREMA
## *Mãe de Thalita Carvalho*

*Levaram metade de mim com a minha menina.*

O meu nome é Vilma Jurema de Mello, moro em S. Cristóvão e sou mãe da Thalita Carvalho de Mello, assassinada com 16 anos.

A Thalita nasceu em São Cristóvão e acabou indo embora aqui também. No dia 9 de Outubro de 1998, à noite, a Thalita estava em casa e o namorado ligou dizendo que iam para o clube Malagueta. E ela foi. Mais tarde, saíram do clube com dois amigos, e não perceberam que foram seguidos por dois carros.

Quando chegaram a 100 metros do posto de gasolina onde foi o acidente, eles já vinham a disparar sobre o carro, atingido com mais de 42 tiros. Uma das meninas chegou a sair, arrastando-se, pedindo socorro, mas um deles acabou de matá-la, no passeio, e matou a minha filha e o namorado, que estavam dentro do carro. O objectivo era matar só um, mas foi feita *queima de arquivo*. E eles queimaram todo mundo.

Nesse dia tiraram uma coisa minha. Levaram metade de mim, com a minha menina. A outra metade está com a minha outra filha. Se eu nunca mais ouvisse a palavra "mãe", eu ia ficar doida.

Nunca tive medo de mostrar a minha cara. Porque não tenho nada a esconder. E, se eles conhecessem a minha filha, eles saberiam que ela também não. Não tenho medo de mostrar que eu amava a minha filha. Não tenho medo de mostrar o que eles fizeram comigo.

Dez anos passados, eu continuo a mostrar que eu não esqueci. Se eles esqueceram que mataram a minha filha, eu não esqueci que eu a perdi. A gente mostra a nossa cara, a gente conta a nossa história... Porque a minha filha não estava doente... Se eles não atravessassem o caminho dela, ela estaria viva.

Três polícias foram indiciados pela morte de Thalita, José Carlos, Ana Paula e William, mas até hoje não foram julgados. Os três integrariam um grupo de extermínio que actuava em São Cristóvão, conhecido como Cavalos Corredores.

# ANEXO A*

---

\* Questionário em português do Brasil, como foi aplicado.

A Universidade Cândido Mendes, o Centro de Estudos Sociais/Universidade de Coimbra e o Viva Rio estão fazendo uma pesquisa **anônima** para saber se as armas de fogo influenciam ou não a violência contra as mulheres.

Sua resposta a esse questionário será uma contribuição muito importante para todas as mulheres. Muito obrigada.

**I – A pessoa que a Sra. está denunciando é:**

☐   1. Vizinho, amigo, conhecido

☐   2. Parente

☐   3. Marido, companheiro, namorado (ou ex)

☐   4. Outros

**II – Onde ocorreu a agressão?**

☐   1. Em casa

☐   2. No local de trabalho

☐   3. Na rua

☐   4. Em um local de lazer

☐   5. Em outro local

**III – O(a) autor(a) do fato que a Sra. está denunciando possui arma de fogo?**

☐   1. Sim

☐   2. Não

☐   3. Não sabe

**IV –** (Responder somente no caso do(a) denunciado(a) ter uma arma.) **Ele ou ela já ameaçou usar arma contra a Sra.** (Pode marcar mais de uma opção.)

☐   1. Não

☐   2. Sim, apontando a arma

☐   3. Sim, exibindo a arma

☐   4. Sim, dizendo que pode usar a arma

☐   5. Sim, atirando a esmo

☐   6. Sim, de outras formas

**V** – (Responder somente no caso do(a) denunciado(a) ter uma arma.)
**O fato de ele(a) ter uma arma impede a Sra. de reagir verbalmente?**

- ☐ 1. Sim
- ☐ 2. Não

**VI** – (Responder somente no caso do(a) denunciado(a) ter uma arma.)
**O fato dele(a) ter uma arma impede a Sra. de reagir fisicamente?**

- ☐ 1. Sim
- ☐ 2. Não

**VII** – (Responder somente no caso do(a) denunciado(a) ter uma arma.)
**A Sra. gostaria de acabar com essa relação, mas não termina porque tem medo dele(a) usar a arma?**

- ☐ 1. Sim
- ☐ 2. Não

**VIII** – **A Sra. se sentiria mais segura se fosse proibido vender armas no Brasil?**

- ☐ 1. Sim
- ☐ 2. Não
- ☐ 3. Não sabe

**IX** – **A Sra. está informada sobre o referendo da proibição de venda de armas no Brasil?**

- ☐ 1. Sim
- ☐ 2. Não

OBS: se quiser saber mais sobre o referendo, há informações disponíveis no balcão

**X** – **A Sra. é a favor da proibição da venda de armas?**

- ☐ 1. Sim
- ☐ 2. Não
- ☐ 3. Não sabe

# BIBLIOGRAFIA

ACNUR (1993), *The State of World's Refugees: The Challenge of Protection*. Harmondsworth: Penguin.

ALCAÑIZ, Mercedes (2003), "Las Otras en los Derechos Humanos", *Feminismo/s*, 1, junio, Universidad de Alicante, 149–162.

ALVES, José Cláudio Souza (2006), "Violência e Política na Baixada: os casos dos grupos de extermínio", *Impunidade na Baixada Fluminense – Relatório 2005*. Brasília: Comissão de Direitos Humanos e Minorias, Câmara dos Deputados.

AMNISTIA INTERNACIONAL (2003), "Women in Brazil take a stand against guns", disponível em: <http://web.amnesty.org/web/wire.nsf/February2003print/Brazil>.

ARELLANO VELASCO, Marcela (2004), "Guerra", *in* Mario López Martínez (org.), *Enciclopedia de Paz y Conflictos*. Granada: Editorial Universidad de Granada.

ARENDT, Hannah (1969), *On Violence*. New York: Harcourt, Brace and World.

BANDEIRA, António e BOURGOIS, Josephine (2005), *Armas de fogo: proteção ou risco?*. Rio de Janeiro: Viva Rio:

BARKER, Gary (2005), *Dying to be Men. Youth, masculinity and social exclusion*. London/New York: Routledge.

BARKER, Gary (2008), *Homens na linha de fogo. Juventude, masculinidade e exclusão social*. Rio de Janeiro: 7Letras.

BARRET, Frank (2001), "The organizational construction of hegemonic masculanity: the case of US Navy" *in* WHITEHEAD e BARRET (orgs.), *The masculanities Reader*. Malden: Mass Polity.

BATCHELOR, Peter (2002), "A Sick or Dying Industry?: Products and Producers", *Small Arms Survey 2002: Counting the Human Cost*. Cambridge: Cambridge University Press, 9-61.

BEVAN, James (2006), "Military Demand and Supply: Products and Producers", *Small Arms Survey 2006: Unfinished Business*. Cambridge: Cambridge University Press, 7-35.

BICC (2003), *Conversion Survey 2003. Global Disarmament, Demilitarization and Demobilization*. Bonn: Nomos Verlagsgesellschaft.

BIGO, Didier (1996), "Guerre, conflits, transnational et territoire", *in* Bertrand BADIE e Marie-Claude SMOUTS, *L'international sans territoire*, *Cultures & Conflits*, 21-22, 397-418.

BOOTH, Ken (org.) (1991), *New Thinking About Strategy and International Security*. London: HarperCollins.

BOUTHOUL, Gaston (1984), *Tratado de Polemología*. Madrid: Estado Mayor del Ejército.

BRENNER, Neil e KEIL, Roger (orgs.) (2006), *The Global Cities Reader*. London/New York: Routledge.

BRICEÑO-LEÓN, Roberto (1999), "Violence and the right to kill: public perceptions from Latin America", comunicação apresentada na conferência *Rising Violence and the Criminal Justice Response in Latin America: Towards an Agenda for Collaborative Research in the 21st Century*, 6-9 Maio, University of Texas, disponível em: <http://lanic.utexas.edu/project/etext/violence/memoria/session_1.html> [acedido em 15 de Fevereiro de 2004].

BRICEÑO-LEÓN, Roberto (2002), "La nueva violencia urbana de América Latina", *in* José TAVARES DOS SANTOS e Maíra BAUMGARTEN (orgs.), *Sociologias: Violências, América Latina* (8), Julho-Dezembro, 34-51.

BRICEÑO-LEÓN, Roberto (2005), "Urban violence and public health in Latin America: a sociological explanatory framework", *Cadernos de saúde pública*, 21(6), 1629-64.

BRICEÑO-LEÓN, Roberto e ZUBILLAGA, Veronica (2002), "Violence and globalization in Latin America", *Current Sociology* 50 (1), 19–37.

CLAUSEWITZ, Karl von (1982), *Da guerra*. Mem Martins: Europa-América.

CLEAVER, Frances (org.) (2002), *Masculinities Matter! Men, Gender and Development*. London: Zed Books.

COCKBURN, Cynthia (1999), "Gender, Armed Conflict and Political Violence", comunicação apresentada no Banco Mundial, Washington, 10-11 Junho, disponível em: <http://www.genderandpeacekeeping.org/resources/3_Gender_Armed_Conflict_and_Political_Violence.pdf> [acedido em 15 de Janeiro de 2004].

COHN, Carol (1987), "Sex and Death in the Rational World of Defense Intellectuals", *Signs: Journal of Women in Culture and Society*, 12(4), 687-718.

COKER, Christopher (2000), "Humanising Warfare, or Why Van Creveld May Be Missing the 'Big Picture'", *Millennium: Journal of International Studies*, 29(2), 449-460.

COLLIER, Paul (2000), "Rebellion as a Quasi-Criminal Activity", *Journal of Conflict Resolution*, 44(6), 839-853.

COLLIER, Paul e HOEFFLER, Anke (2000), "Greed and Grievance in Civil War", *World Bank Policy Research Paper 2355*, Washington D.C.: World Bank.

COMMISSION ON GLOBAL GOVERNANCE (1995), *Our Global Neighborhood*. New York: Oxford University Press.

CONNELL, Robert W. (1995), *Masculinities*. Berkeley: University of California Press.

CONNELL, Robert W. (1996), "Politics of Changing Men", disponível em: <http://www.lib.latrobe.edu.au/AHR/archive/Issue-Dec-1996/connell.html> [acedido em 25 de Maio de 2005].

CRAVINHO, João Gomes (1998), "O vácuo no centro: reflexões sobre o conceito de poder na tradição realista", *Política Internacional*, 18 (2), Outono-Inverno, 21-43.

CUKIER, Wendy e SIDEL, Vic (2005), *The Global Gun Epidemic: From Saturday Night Specials to AK 47s*. New York: Praegar.

DAVID, Charles-Philippe (2000), *A Guerra e a Paz. Abordagens Contemporâneas da Segurança e da Estratégia*. Lisboa: Piaget.

DAVIS, Mike (2006), *Planet of Slums*. London: Verso.

DEPEN (2006), Dados consolidados, Ministério da Justiça 2006, disponível em: <http://www.mj.gov.br/depen/sistema/CONSOLIDADO%202006.pdf>

DOLAN, Chris (2002), "Collapsing Masculinities and Weak States – a Case Study of Northern Uganda", *in* Frances CLEAVER (org.), *Masculinities Matter! Men, Gender and Development*. London: Zed Books, 57–83.

DOWDNEY, Luke (2003), *Crianças do Tráfico: Um Estudo de Caso de Crianças em Violência Armada Organizada no Rio de Janeiro*. Rio de Janeiro: 7 Letras.

DOWDNEY, Luke (2005), *Neither War nor Peace: International comparisons of children and youth in organised armed violence*. Rio de Janeiro: 7 Letras.

DUFFIELD, Mark (2001), *Global Governance and the New Wars*. London: Zed Books.

DUFOUR, Jean-Louis (1997), "La guerre va-t-elle survivre au XXI° siècle?", *Politique étrangère* 1(62), 33-44.

DUPAS, Gilberto (1999), *Economia Global e Exclusão Social. Pobreza, Emprego, Estado e o Futuro do Capitalismo*. São Paulo: Paz e Terra.

EISNER, Manuel (2001), "Modernization, Self-Control and Lethal Violence: The Long-term Dynamics of European Homicide Rates in Theoretical Perspective", *British Journal of Criminology*, 41 (4), 618-38.

ELIAS, Norbert (1982), "Civilization and Violence: On the State Monopoly of Physical Violence and its Infringements", *Telos,* 16, 133-154.

ELSHTAIN, Jean Bethke (2000), "Shooting at the wrong target: a response to Van Creveld", *Millennium: Journal of International Studies*, 29 (2), 443-448.

ENLOE, Cynthia (1983), *Does Khaki Become You? The Militarisation of Women's Lives*. London: Pandora.

ENLOE, Cynthia (1993), *The Morning After. Sexual Politics at the End of the Cold War*. Berkeley: University of California Press.

ENLOE, Cynthia (2000), *Maneuvers: the International Politics of Militarizing Women's Lives*. Berkeley/Los Angeles: University of California Press.

ENLOE, Cynthia (2004), *The Curious Feminist: Searching for Women in the New Age of Empire*. Berkeley/London: University of California Press.

ESSER, Daniel (2004), "The city as arena, hub and prey – patterns of violence in Kabul and Karachi", *Environment & Urbanization*, 16 (2), 31-38.

FISAS, Vicenç (1998), *Cultura de paz y gestión de conflictos*. Barcelona/Paris: Icaria Editorial, UNESCO.

FLORQUIN, Nicolas e WILLE, Christina (2004), "A Common Tool: Firearms, Violence, and Crime", *Small Arms Survey 2004: Rights at Risk*. Cambridge: Cambridge University Press, 172–211.

FUKUYAMA, Francis (1992), *The End of History and the Last Man*. New York: The Free Press.

FUSS, Diana (1995), *Identification Papers: Readings on Psychoanalysis, Sexuality and Culture*. London: Routledge.

GALEANO, Eduardo (1998), *Patas Arriba: La Escuela del Mundo al Revés*. Madrid: Siglo Veintiuno.

GALTUNG, Johan (1969), "Violence, Peace and Peace Research", *Journal of Peace Research*, 6(3), 167–191.

GALTUNG, Johan (1990), "Cultural Violence", *Journal of Peace Research*, 27(3), 291-305.

GALTUNG, Johan (1996), *Peace by Peaceful Means: Peace and Conflict, Development and Civilization*. Oslo: International Peace Research Institute.

GIZEWSKI, Peter e HOMER-DIXON, Thomas (1995), "Urban Growth and Violence: will the future resemble the past?", *Occasional Paper*, Project on Environment, Population and Security, disponível em: <http://www.library.utoronto.ca/pcs/eps/urban/urban1.htm> [acedido em 12 de Novembro de 2003].

GOLDSTEIN, Joshua (2001), *War and Gender*. Cambridge: Cambridge University Press.

GOMES, Paulo César da Costa (2003), "Estranhos vizinhos. O lugar da favela na cidade brasileira", *Anuario Americanista Europeo* (1), 171-177.

GRAY, Chris H. (1997), *Postmodern War: The New Politics of Conflict*. New York: Guildford Press.

GURR, Ted Robert (1981), "Historical Trends in Violent Crime: A Critical Review of the Evidence", *Crime and Justice*. (3), 295-353.

HALLIDAY, Fred (1994), *Rethinking International Relations*. London: Macmillan Press.

HOLSTI, Kalevi (1996), *The state, war, and the state of war*. New York: Cambridge University Press.

HUMAN RIGHTS WATCH/Africa (1996), *Shattered Lives: Sexual Violence During the Rwandan Genocide and its Aftermath*. New York: Human Rights Watch.

ISER (2005), *Brasil: as armas e as vítimas*. Rio de Janeiro: 7Letras.

JACOBS, Susie; JACOBSON, Ruth e MARCHBANK, Jen (2000), *States of Conflict. Gender, Violence and Resistance*. London: Zed Books.

JUNG, Dietrich (2003), *Shadow Globalization, Ethnic Conflicts and New Wars. A Political Economy of Intra-State Wars*. London: Routledge.

KALDOR, Mary (2000), "Cosmopolitanism and Organised Violence", comunicação apresentada na conferência *Conceiving Cosmopolitanism Conference*, Warwick, 27-29 Abril 2000, disponível em: <http://www.theglobalsite.ac.uk/press/010kaldor.htm> [acedido em 12 de Dezembro de 2003].

KALDOR, Mary (2001, 2007), *New and Old Wars. Organized Armed Violence in a Global Era.* California: Stanford University Press.

KALYVAS, Stathis N. (2001), ""New" and "Old" Civil Wars: A Valid Distinction?", *World Politics* (54) 1, 99-118.

KALYVAS, Stathis N. (2006), *The Logic of Violence in Civil War.* Cambridge: Cambridge University Press.

KAPLAN, Robert (1994), "The Coming Anarchy: How Scarcity, Crime, Overpopulation and Disease are Rapidly Destroying the Social Fabric of Our Planet", *Atlantic Monthly*, February, 44-76.

KIMMEL, Michael (2001), "Global Masculinities: Restoration and Resistance" *in* Bob PEASE e Keith PRINGLE (orgs.), *A Man's World? Changing Men's Practices in a Globalized World.* London: Zed Books.

KINNES, Irvin (2000), "From Urban Street Gangs to Criminal Empires: The Changing Face of Gangs in the Western Cape", *ISS Monograph Series* 48, Institute for Security Studies, Pretoria, disponível em: <http://www.iss.org.za/Pubs/Monographs/No48/Contents.html> [acedido em 3 de Junho de 2005].

KOONINGS, Kees e KRUIJT, Dirk (orgs.) (1999), *Societies of Fear: The Legacy of Civil War, Violence and Terror in Latin America.* London: Zed Books.

KOONINGS, Kees e KRUIJT, Dirk (orgs.) (2004), *Armed Actors: Organized Violence and State Failure in Latin America.* London: Zed Books.

KOONINGS, Kees e KRUIJT, Dirk (orgs.) (2006), *Fractured Cities. Social Exclusion, Urban Violence and Contested Spaces in Latin America.* London: Zed Books.

LAPID, Yosef (1989), "The Third Debate: On the Prospects of International relations Theory in a Post-Positivist Era", *International Studies Quarterly*, 33 (3), 235-254.

LÓPEZ MARTÍNEZ, Mario (org.) (2004), *Enciclopedia de Paz y Conflictos.* Granada: Editorial Universidad de Granada.

LUTTWAK, Edward N. (1995), "Toward Post-Heroic Warfare", *Foreign Affairs*, 74, May/June, 109–122.

MALESEVIC, Sinisa (2008), "The Sociology of New Wars?: Assessing the Causes and Objectives of Contemporary Violent Conflicts", *International Political Sociology* (2), 97-112.

MANWARING, Max G. (2005), "Street Gangs: The New Urban Insurgency", *Strategic Studies Institute, U.S. Army War College*, disponível em: <http://www.carlisle.army.mil/ssi/pdffiles/PUB597.pdf> [acedido em 10 de Fevereiro de 2005].

MARTÍN BERISTAIN, Carlos (1999), *Reconstruir el tejido social*. Barcelona: Icaria Editorial.

MARTÍNEZ GUZMÁN, Vicent (2001), *Filosofía para hacer las paces*. Barcelona: Icaria Editorial.

MARTÍNEZ LÓPEZ, Candida (2000), "Las Mujeres y la paz en la historia", *in* Francisco MUÑOZ e Mario LOPEZ MARTÍNEZ (orgs.), *Historia de la Paz. Tiempos, espacios y actores*. Granada: Editorial de Granada, 255-291.

MIES, Maria (1983), "Towards a methodology for feminist research", *in* Gloria BOWLES e Renate Duelli KLEIN (org.), *Theories of women's studies*. London: Routledge and Kegan Paul.

MORGENTHAU, Hans (1948), *Politics among nations*. New York: McGraw-Hill. .

MOSER, Caroline (2004), "Urban Violence and Insecurity: an Introductory Roadmap", *Environment & Urbanization*, 16 (2), October, 3-16.

MOSER, Caroline e CLARK, Fiona (2001), *Victims, Perpetrators or Actors? Gender, Armed Conflict and Political Violence*. London: Zed Press.

MOSER, Caroline e MCILWAINE, Cathy (2004), *Encounters with Violence in Latin America: Urban Poor Perceptions from Colombia and Guatemala*. London: Routledge.

MOURA, Tatiana (2005), *Entre Atenas e Esparta. Mulheres, Paz e Conflitos Armados*. Coimbra: Quarteto Editora.

MOURA, Tatiana (2007), *Rostos Invisíveis da Violência Armada*. Rio de Janeiro: 7Letras.

MOURA, Tatiana e SANTOS, Rita (2008), "Transformar o luto em luta: sobreviventes da violência armada", *Oficina do CES*, 307.

MURGUIALDAY, Clara (2000), "La construcción de la ciudadanía de las mujeres después del conflicto", *in* Romero de LORESECHA (org.), *Guerra y Desarrollo: la reconstrucción post-conflicto*. Bilbao: UNESCO ETXEA.

NETO, Paulo Mesquita (2002), "Crime, Violence and Democracy in Latin America", comunicação apresentada na conferência *Integration in the Americas Conference*, 2 de Abril, disponível em: <http://laii.unm.edu/conference/mesquita.php> [acedido em 30 de Março de 2005].

NEWMAN, Edward (2004), "The 'New Wars' Debate: A Historical Perspective is Needed", *Security Dialogue* 35(2), 173-189.

ORGANIZAÇÃO MUNDIAL DE SAÚDE (2004), *WHO Statistical Information System*, disponível em: <http://www.who.int/whosis/indicators/compendium/2008/1mst/en/index.html>.

PACHECO, Fernando; JAO, Mamadú; CRAVO, Teresa de Almeida e SCHIEFER, Ulrich (2006), "The Role of External Development Actors in Post-Conflict Scenarios", *Oficina do CES*, 258, Setembro.

PERALVA, Angelina (2000), *Violência e Democracia. O paradoxo brasileiro*. São Paulo: Paz e Terra.

PETTMAN, Jan Jindy (1996), *Worlding Women: A Feminist International Politics*. London: Routledge.

PHEBO, Luciana (2005), "Impacto da arma de fogo na saúde da população do Brasil", *in* ISER, *Brasil: as armas e as vítimas*. Rio de Janeiro: 7Letras, 9-36.

PNUD (1994), *Human Development Report 1994. New dimensions of human security*, disponível em: <http://hdr.undp.org/reports/global/1994/en>.

PUREZA, José Manuel (1999), "O príncipe e o pobre: o estudo das Relações Internacionais entre a tradição e a reinvenção", *Revista Crítica de Ciências Sociais*, 52/53.

PUREZA, José Manuel (2001) (org.), *Para uma cultura da paz*. Coimbra: Edições Quarteto.

PUREZA, José Manuel; DUFFIELD, Mark; MATTHEWS, Robert; WOODWARD, Susan e SOGGE, David (2006), "Peacebuilding and Failed States. Some Theoretical Notes", *Oficina do CES*, 256, Julho.

PUREZA, José Manuel e MOURA, Tatiana (2004), "O regresso da paz negativa?", *Revista de História das Ideias*, 25, 157-168.

PUREZA, José Manuel e MOURA, Tatiana (2005), "Violência(s) e guerra(s): do triângulo ao continuum", *Revista Portuguesa de História*, XXXVII, 45–63.

PUREZA, José Manuel; ROQUE, Sílvia; RAFAEL, Mónica e CRAVO, Teresa (2007), "Do States Fail or Are They Pushed? Lessons Learned from Three Former Portuguese Colonies", *Oficina do CES*, 273, Abril.

REARDON, Betty (1985), *Sexism and the War System*. New York: Teachers College Press.

REIS, Ana Cristina; SOUZA, Edinilsa Ramos; MINAYO, Maria Cecília de Souza e MALAQUIAS, Juaci Vitória (2001), "Mortalidade Feminina por Causas Externas: Brasil e Macrorregiões (1979 a 1999)", Boletim do CENEPI/CLAVES (4). Rio de Janeiro: Fiocruz.

RIVERO, Patricia (2005), "O Mercado Ilegal de Armas de Fogo na Cidade do Rio de Janeiro. Preços e simbologia das armas de fogo no crime" *in* ISER, *Brasil: As armas e as vítimas*. Rio de Janeiro: 7Letras.

RODGERS, Dennis (2002), "We live in a state of siege: violence, crime and gangs in post-conflict Nicaragua", *Working Paper Series*, Nº 02-36, Development Studies Institute, London School of Economics.

RODGERS, Dennis (2003), "Youth gangs in Colombia and Nicaragua: new forms of violence, new theoretical directions?", *in* A. RUDQVIST (org.), *Breeding Inequality – Reaping Violence, Exploring Linkages and Causality in Colombia and Beyond*. Outlook on Development Series, Collegium for Development Studies: Uppsala, 111-141, disponível em: <http://www.kus.uu.se/poverty&violence/PovertyViolence.pdf> [acedido em 28 de Maio de 2005].

RODGERS, Dennis (2004), ""Disembedding" the city: crime, insecurity and spatial organization in Managua, Nicaragua", *Environment & Urbanization*, 16 (2), October, 113-123.

RODGERS, Jayne (1998), "Gender and Feminism in International Relations", disponível em: <http://www.leeds.ac.uk/gender-studies/epapers/rodgers.htm> [acedido em 15 de Outubro de 2004].

ROMEVA, Raül (2003), Guerra, posguerra y paz. Pautas para el análisis y la intervención en contextos posbélicos o postacuerdo. Barcelona: Icaria editorial.

RUÍZ JIMÉNEZ, José Ángel (2004), "Conflicto", *in* Mario LÓPEZ MARTÍNEZ (org.) (2004), *Enciclopedia de Paz y Conflictos*. Granada: Editorial Universidad de Granada.

SANTOS, Boaventura de Sousa (1997): «Quando o local é global e vice-versa», *Estado de São Paulo*, 5 Janeiro 1997.

SCHEPER-HUGHES, Nancy e BOURGOIS, Philippe (2004), *Violence in War and Peace. An Anthology*. Oxford: Blackwell Publishing Ltd.

SHAW, Martin (2000), "New Wars of the City: 'urbicide' and 'genocide'", disponível em: <http://www.martinshaw.org/city.htm> [acedido em 20 de Março de 2005].

SHAW, Martin (2002), *War and Genocide: Organised Killing in Modern Society*. Cambridge: Polity Press.

SKJELSBAEK, Inger e SMITH, Dan (2001), *Gender, Peace & Conflict*. London: SAGE Publications.

SMALL ARMS SURVEY (2007), *Small Arms Survey 2007 Yearbook: Guns and the City*. Cambridge: Cambridge University Press.

SMITH, Dan (2001), "The Problem of Essentialism", *in* Inger SKJELSBAEK e Dan SMITH (org.), *Gender, Peace & Conflict*. London: Sage Publications, 32-46.

SMITH, Steve (1996), "Positivism and Beyond", *in* Steve SMITH, Ken BOOTH e Marysia ZALEWSKY (orgs.), *International theory: positivism & beyond*. Cambridge: Cambridge University Press, 11-46.

SNOW, Donald (1996), *Uncivil wars: international security and the new internal conflicts*. Boulder: Lynne Rienner Publishers.

SOARES, Barbara e ILGENFRITZ, Iara (2002), *Prisioneiras: vida e violência atrás das grades*. Rio de Janeiro: Ed. Garamond/CESeC.

SOARES, Gláucio; MIRANDA, Dayse e BORGES, Doriam (2006), *As vítimas ocultas da violência urbana no Rio de Janeiro*. Rio de Janeiro: Editora Record.

SÖLLE, Dorothee (1982), "Peace Needs Women", *in* Reardon, Betty (1985), *Sexism and the War System*. New York: Teachers College Press.

STEANS, Jill (1998), *Gender and International Relations: An Introduction*. Cambridge: Polity Press.

STERN, Maria e PIN-FAT, Véronique (2005), "The Scripting of Private Jessica Lynch: Biopolitics, Gender and the "Feminization" of the U.S. Military", *Alternatives* (30), 25-53.

SYLVESTER, Christine (1989), "Patriarchy, Peace and Women Warriors", *in* L. R. Forcey (org.), *Peace: Meanings, Policies, Strategies*. New York: Praeger.

SYMONIDES, Janusz e SINGH, Kishore (1996), "Constructing a Culture Of Peace", *in* UNESCO, *From a Culture of Violence to a Culture of Peace*. Paris: UNESCO.

TAVARES DOS SANTOS, José Vicente (org.) (2002), *Sociologias: Violências, América Latina* (8), Julho/Dezembro, Porto Alegre, UFRGS.

TICKNER, J. Ann (1992), *Gender and International Relations*. New York: Columbia University Press.

TICKNER, J. Ann (2001), G*endering World Politics: issues and approaches in the Post-Cold War Era*. New York: Columbia University Press.

TORTOSA, José María (2001), *El juego global*. Barcelona: Icaria.

TORTOSA, José María (2003), *Violencias Ocultadas*. Quito: Ediciones Abya-Yala.

TRUE, Jacqui (2001), "Feminism", *in* Scott BURCHILL *et al.*, *Theories of International Relations*. New York: Palgrave, 231–275.

TURSHEN, Meredeth e TWAGIRAMARIYA, Clotilde (orgs.) (1998), *What Women Do in Wartime. Gender and Conflict in Africa*. London: Zed Books.

UNDESA (2005), *Urban and Rural Areas 2005*, disponível em: <http://www.un.org/esa/population/publications/wup2005/2005urban_rural.htm> [acedido em 20 Dezembro de 2008].

UN-HABITAT (2003), *The Challenge of Slums: Global Report on Human Settlements 2003*. New York: UN-HABITAT.

VAN CREVELD, Martin (1991), *The Transformation of War*. New York: Free Press.

VAN CREVELD, Martin (2000), "The Great Illusion: Women in the Military", *Millennium: Journal of International Studies*, 29 (2), 429-442.

VANDERSCHUEREN, Franz (1996), "From violence to justice and security in cities", *Environment & Urbanization*, 8 (1), Abril, 93-112.

WALLENSTEEN, Peter e SOLLENBERG, Margareta (2001), "Armed Conflict, 1989-2000", *in Identifying Wars: Systematic Conflict Research and Its Utility in Conflict Resolution and Prevention Conference*. PRIO/Uppsala University: Uppsala.

WALT, Stephen (1991), "The Renaissance of Security Studies", *International Studies Quarterly* 35, 211-239.

WALTZ, Kenneth (1979), *Theory of International Politics*. Reading: Addison-Wesley.

WILLE, Christina e KRAUSE, Keith (2005), "Behind the Numbers: Small Arms and Conflict Deaths", *in Small Arms Survey 2005: Weapons at War*. Cambridge: Cambridge University Press, 229-265.

WILLIAMS, Howard; WRIGHT, Moorhead e EVANS, Tony (1993) (org.), *A Reader in International Relations and Political Theory*. Buckingham: Open University Press.

WINTON, Ailsa (2004), "Urban violence: a guide to the literature", *Environment & Urbanization*, 16 (2), Outubro, 165-185.

WORLD VISION (2002), *Faces of Violence in Latin America and the Caribbean*. San Jose: World Vision International.

WRIGHT, Quincy (1979), "Guerra", *in Enciclopedia Internacional de las Ciencias Sociales*, Tomo V. Madrid: Editorial Aguilar.

YOUNG, Jock (1999), *The Exclusive Society*. London: Sage Publications.

ZALUAR, Alba (1994), *O Condomínio do Diabo*. Rio de Janeiro: Revan.

ZALUAR, Alba (2000), "Perverse Integration: Drug trafficking and youth in the favelas of Rio de Janeiro", *Journal Of International Affairs*, vol. 53 (2), 654-671.

ZALUAR, Alba (2004), *Integração perversa: pobreza e tráfico de drogas*. Rio de Janeiro: Editora FGV.